中国私募证券投资基金柔性治理研究

贺宇倩 ◎ 著

首都经济贸易大学出版社
Capital University of Economics and Business Press
·北 京·

图书在版编目（CIP）数据

中国私募证券投资基金柔性治理研究 / 贺宇倩著 . -- 北京：首都经济贸易大学出版社，2023. 6

ISBN 978-7-5638-3513-3

Ⅰ. ①中…　Ⅱ. ①贺…　Ⅲ. ①投资基金业—基金管理—研究—中国　Ⅳ. ①F832. 51

中国国家版本馆 CIP 数据核字（2023）第 081723 号

中国私募证券投资基金柔性治理研究

贺宇倩　著

责任编辑　晓　地

封面设计　砚祥志远 · 激光照排 TEL：010-65976003

出版发行　首都经济贸易大学出版社

地　　址　北京市朝阳区红庙（邮编 100026）

电　　话　（010）65976483　65065761　65071505（传真）

网　　址　http://www. sjmcb. com

E- mail　publish@cueb. edu. cn

经　　销　全国新华书店

照　　排　北京砚祥志远激光照排技术有限公司

印　　刷　北京九州迅驰传媒文化有限公司

成品尺寸　170 毫米×240 毫米　1/16

字　　数　161 千字

印　　张　9. 25

版　　次　2023 年 6 月第 1 版　2023 年 6 月第 1 次印刷

书　　号　ISBN 978-7-5638-3513-3

定　　价　39. 00 元

前言 FOREWORD

2010年，得益于中国金融期货交易所推出股指期货和上海证券交易所推出融资融券业务，中国的私募证券投资基金正式诞生（陈道轮等，2014）。在经历过2015年股票市场异常波动之后，私募证券投资基金因其良好的风险管理能力迎来了蓬勃发展时期。截至2019年，私募证券投资基金已经成为与公募基金在权益类市场资产管理规模、资产管理能力和日均交易量等方面势均力敌的机构投资者。更为重要的是，近四成的中国上市公司前十大股东中有私募证券投资基金的身影，并已经成为上市公司重要的外部股东来源，开始通过提交股东议案、公开批评和争夺公司控制权等方式影响目标公司（持股的上市公司）实际经营行为。赵羲等（2018）研究发现，中国的私募证券投资基金已经成长为海外意义上的对冲基金。

在海外金融市场，对冲基金通过行使“股东积极主义”参与公司管理，而不是遇到问题就“用脚投票”。这源于对冲基金作为公司治理新兴力量的先天治理优势：一是受到的法律监管较弱；二是内部代理问题较小；三是法律规定的锁定条款使其持有期较长，有着长期治理目标（Boyson et al.，2010）。因此，区别于公募基金、养老基金等采用“被动管理”模式的机构投资者，海外学术研究已经将采用“主动管理”模式的对冲基金独立于其他机构投资者加以单独研究（Brav et al.，2008；Brav et al.，2015b）。

对冲基金股东积极主义行为可以分为五类：一是积极干涉以帮助管理层提升股东价值；二是进行目标公司资本结构调整；三是进行商业战略调整；四是试图将目标公司出售或自己收购；五是直接影响公司治理。其中，以第一类和第五类行为居多，即对冲基金往往通过影响公司治理达到提升公司价值的目标。上述所总结的“股东积极主义”行为多是对公司的直接“干预”，这类行为不论对于外部干预者还是对于目标公司都带有一定的“对抗性”色彩，且需要通过层层的正式公司治理程序，双方可能付出的成本更大，因此又可称为“刚性治理”。相对而言，如若对目标公司选择较为柔和的方式，如采取与目标公司“沟通”的非正式的、无需走公司治理程序的方式实现股东积极主义动机，则双方的成本相对较低，因此这类治理方式又可称为“柔性治理”。机构投资者治理可以细化为“刚性治理”（“干预”）和“柔性治理”（“沟通”）两种类型（Levit，2020）。

从现实情况看，越来越多的对冲基金开始通过“柔性治理”而非“刚性治理”影响公司治理（Brav et al.，2008）。这种现象也得到了理论研究的关注，莱维特（Levit，2019，2020）建立理论模型认为：“沟通”和“干预”存在互相替代的关系，委托人对代理人进行的“干预”行为会减少双方的有效“沟通”；当委托人“干预”威胁较大或者代理人代理成本较高时，委托人更应该选择“沟通”而不是“干预”。然而，上述理论模型预期尚未得到经验证据的支持。进一步，无论是“柔性治理”还是“刚性治理”，股东积极主义是否真正创造价值也有所争议。部分学者认为，对冲基金通过改善委托代理问题提升公司运营、财务管理以及治理结构水平，进而提高了目标公司的股票市场定价效率。然而，亦有学者认为，对冲基金不仅对目标公司股东价值无益，也不会对目标公司的实际经营行为产生实质性影响（Boyson & Pichler，2019）。

综上所述，目前海外学术研究尚不清楚对冲基金能否通过“柔性治理”真正行使股东积极主义，尤其不清楚对冲基金通过何种渠道产生治理效果。海外实证研究局限的关键在于对冲基金信息披露较少，海外学者很难找到作为股东的对冲基金与管理层之间“沟通”的直接证据，而中国金融市场恰好提供了这样的研究契机。

在中国金融市场，私募证券投资基金有一类重要的投资行为——实地调研上市公司。具体说，实地调研提供了私募证券投资基金经理和上市公司管理层面对面“沟通”的机会，私募证券投资基金经理往往具备良好的专业素质和敏锐的市场嗅觉，对于公司的发展与问题有一定的见地。实地调研期间，私募证券投资基金与公司管理层就公司治理等问题展开的问答与讨论，使双方都能从“沟通”中获取有价值的信息，从而达到公司治理效果（Trouche et al.，2014；Carlson，2019；Chen et al.，2020）。然而，目前的实证研究并不清楚上述“沟通”是否真正发挥了作用，如若是，这类“柔性治理”方式发挥作用的效果如何、是否有所局限等问题均未可知。

基于此，本书以 2013 年到 2018 年中国私募证券投资基金持股之后实地调研上市公司作为研究对象，具体研究了私募证券投资基金的“柔性治理”行为是否具有治理效果；同时结合 2016 年私募证券投资基金行业监管改革的外生性事件，实证检验了在私募证券投资基金对上市公司进行“刚性治理”的威胁下降时，其所进行的“柔性治理”行为治理作用是否下降。

本书实证研究结果发现：中国私募证券投资基金持股之后实地调研上市公司时，通过与管理层面对面“沟通”公司治理问题，提升了目标公司股票市场估值和财务绩效。当 2016 年监管改革之后，即私募证券投资基金对上市公司的“刚性治理”威胁降低时，这种“柔性治理”效果大打折扣，特别是在股权分散或代理问题严重的公司中。与此同时，私募证券投资基金与管理层的“沟通”效果只局限在影响公司治理进而提升公司财务绩效层面，并没有影响到更多的实际投融资经营行为。

总体看本书的研究结果，一方面验证了莱维特（Levit，2019，2020）的理论模型预期，即委托人与代理人之间的“沟通”是有价值的，且“沟通”与“干预”是替代而非补充关系；当委托人“干预”威胁较大，代理人代理成本较高时，委托人应该选择“沟通”而不是“干预”。这更加符合委托人的利益。另一方面有助于理解中国私募证券投资基金对公司治理的影响，及其在金融市场中所扮演的治理角色，为国家金融监管机构制定政策提供了理论支持和实证依据。

目录 CONTENTS

图表目录

第一章 引 言

本书讨论的主题是：中国私募证券投资基金持股之后在实地调研上市公司过程中，是否会通过“柔性治理”（“沟通”）的方式发挥治理效果。本章分成四个部分：研究背景与研究问题；研究意义；研究内容、基本思路与研究方法；概念界定、研究框架与章节安排。

第一节 研究背景与研究问题

一、研究背景

经过30余年的快速增长，中国金融市场已经实现了蓬勃发展，但也凸显出各种问题，最典型的就是机构投资者治理能力不足和上市公司质量不高（董永琦，2019）。为此，2002年，中国证监会和国家经贸委联合发布《上市公司治理准则》，并提出“机构投资者应该在董事选任、激励与监督、重大决策等方面发挥作用”。2018年，新修订的《上市公司治理准则》再次明确提出“鼓励机构投资者通过依法行使表决权、质询权、建议权等相关股东权利，合理参与公司治理”等更加细致而具体的要求。

纵览海内外金融市场中机构投资者的发展历程，20世纪80年代，机构投资者大多遵循“华尔街法则”，即被动地投资公司股票，在公司治理问题上仅充当“橡皮图章”的角色（余晓东，杨治南，2001；刘志远，花贵如，2009）。然而，近年来，随着机构投资者团队的逐步发展与壮大，不再满足于“用脚投票”，而是开始通过更为多样的行为模式向管理层施加压力，如以参与股东议案、发起收购威胁等方式积极参与公司治理（Kanh & Winton，1998）。

2001年，中国证监会提出“超常规发展机构投资者”的策略，基金行业开始快速发展，逐渐成为机构投资者中极为重要的组成部分。基金分为公募基金（对应于海外的共同基金）和私募基金，私募基金又分为私募证券投资基金（对应于海外的对冲基金）①、私募股权投资基金（PE）、创业投资基金（VC）和私募资产配置类基金（FOF）。公募基金最先起步，而私募证券投资基金成长最为迅速，后者自2010年正式诞生以来，在权益类市场资产管理规模、日均交易量等方面已与公募基金势均力敌。伴随基金行业的迅速崛起，其对资本市场与公司治理的影响研究也开始涌现。然而，目前的大部分研究或以基金行业总体展开分析，或选择其中的公募基金、私募股权基金、创业投资基金等对象进行单独的讨论，尚缺乏针对私募证券投资基金的专门讨论（杨海燕等，2012）。

私募证券投资基金整体以股票型和混合型基金为主，对上市公司为代表的权益类资产影响最大。由于其特有的机构设置以及目前的法律监管环境，私募证券投资基金具有区别于其他机构投资者的先天治理优势：首先，由于私募证券投资基金起步较晚，相关的法律制度规范仍正在逐步完善过程中，为其带来了较为宽松的法律监管环境，使其投资范围与投资能力所受限制较少（胡宏蛟，2014）；其次，由于私募证券投资基金追求绝对收益而非相对排名，其基金经理的薪酬也主要来自基金产品盈利分红，因此有着较强的主动干预目标公司治理以提升公司总体绩效的动机（Becht et al.，2009）；最后，私募证券投资基金大多追求公司根本面的改善带来的长期收益，这使其具备了长期投资者的基本条件。不仅如此，法律规定的锁定条款也使其持有目标公司股份时间较长，因此其一般具备长期的治理目标（Brav et al.，2008；Boyson et al.，2010）。

因此，区别于：①以“被动管理”模式为主的公募基金；②主要投资于未上市公司以及上市之后“用脚投票”的私募股权投资基金和创业投资基金；③只选基金而不选公司的私募资产配置类基金，私募证券投资基金属于采取“主动管理”并且不轻易“用脚投票”的机构投资者，会对所投资的上市公司进行主动干预等。因此，本书按照海外对冲基金领域的研究惯例，将私募证券

① 赵羲等（2018）分析了中国与海外对冲基金市场的发展历史与现状，从激励机制、策略类型、产品特征、绩效风险等角度，对比中国的私募证券投资基金和海外市场的对冲基金，研究结论是中国的私募证券投资基金对应于海外市场的对冲基金。

投资基金作为单独的机构投资者加以研究（Brav et al.，2008；Brav et al.，2015b）。

基于上面的分析可知，私募证券投资基金会发挥更为积极的“股东积极主义”作用（曾志远等，2018），然而国内关于私募证券投资基金股东积极主义的研究较少，主要文献源于海外研究。在海外金融市场，对冲基金会发挥“股东积极主义”真实参与公司管理，而不是遇到问题就“用脚投票”。具体的股东积极主义行为可分为五类：第一，认为公司价值被低估，进行积极干涉以帮助管理层提升股东价值；第二，进行目标公司的资本结构调整；第三，进行商业战略的调整，如提升经营效率、重构商业模式等；第四，试图将目标公司出售给第三方或自己收购该目标公司；第五，直接影响公司治理，如更换管理层、获得董事会席位等。上述行为中以第一类和第五类居多，也就是说，对冲基金往往以影响公司治理、提升公司价值作为行使股东积极主义的动机。

值得关注的是，上述所总结的“股东积极主义”行为多是对公司的直接“干预”，这类行为不论对于外部干预者抑或目标公司都带有一定的“对抗性”色彩，且多需要通过层层的正式公司治理程序，双方可能付出的成本更大，因此又可称为“刚性治理”。相对而言，如若对目标公司选择较为柔和的方式，如采取与目标公司“沟通”的非正式的、无需走公司治理程序的方式实现其股东积极主义动机，则双方的成本相对较低，因此这类治理方式又可称为“柔性治理”。然而，目前学术界对于上述两种治理方式行为本身及其影响的区别还少有讨论（Brav et al.，2008；Brav et al.，2015b）。

从现实情况看，已有学者通过统计发现，海外对冲基金行使股东积极主义行为时并不优先选择“干预”方式。有接近43%的对冲基金以“与董事会/管理层就一些能够增加股东价值的事项进行沟通”为初始策略（Brav et al.，2008），如若“沟通”不成功或效果欠佳，才会有进一步的“干预”行为。也就是说，海外对冲基金在实践中常常通过“柔性治理”（“沟通”）而非“刚性治理”（“干预”）方式影响公司治理。

这个现象得到了理论研究的关注，莱维特（Levit，2019，2020）建立理论模型认为：委托人与代理人之间的“沟通”和“干预”行为是互相替代的，且并不存在互相补充的关系。不仅如此，“干预”行为可能会损害“沟通”效果的发挥，当委托人对代理人的“干预”威胁较大或者代理人本身的代理成本比较高时，更应该选择“沟通”而不是“干预”。然而，虽然已经有了现象统计和理论模型，对冲基金行使股东积极主义时选择“沟通”还是“干预”，特别是效果究竟如何，仍然缺乏经验证据支撑，是一个尚需验证的实证研究问题。

进一步，无论是“沟通”还是“干预”，对冲基金股东积极主义是否真的在创造价值也有所争议。部分学者认为，当对冲基金成为股东之后，其通过改善委托代理问题提升公司运营、财务管理以及治理结构的水平，进而提高了目标公司的股票市场定价效率。然而，亦有学者就对冲基金能否发挥长期治理作用提出质疑，他们认为，对冲基金不仅对目标公司股东价值无益，也不会对目标公司的实际经营行为产生实质性影响（Cheng et al.，2015；Brav et al.，2018；Boyson & Pichler，2019）。

综上所述，目前海外学术研究并不清楚对冲基金能否通过“柔性治理”真正行使股东积极主义，尤其不清楚对冲基金通过何种渠道产生治理效果。研究局限的关键因素在于海外对冲基金信息披露较少，学者很难找到作为股东之后的对冲基金与管理层之间“沟通”的直接证据，而中国金融市场恰好提供了这样的研究契机。

回望中国金融市场的发展历程，中国的私募证券投资基金以阳光私募为前身，诞生于中国金融期货交易所推出股指期货和上海证券交易所推出融资融券业务的2010年（陈道轮等，2014）。在2015年股票市场异常波动之后，私募证券投资基金因其具有风险管理属性开始快速壮大并蓬勃发展。2016年是中国私募证券投资基金的“监管元年”，标志着私募证券投资基金行业进入了严格监管的新时期。截至2019年，中国的私募证券投资基金已经成为与公募基金在权益类资产的资产管理规模、日均交易量、资产管理能力等方面势均力敌的机构投资者；更为重要的是，近四成的中国上市公司的前十大股东中有私募证券投资基金的身影，已经成为上市公司重要的外部股东来源，并开始通过提交股东议案、公开批评和争夺公司控制权等方式影响目标公司实际经营行为（李路等，2019）。赵羲等（2018）将国内多个主流商用数据库中的私募证券投资基金数据进行了清洗与合并，以此构建中国私募证券投资基金数据库。通过与海外对冲基金数据库的详细比照，其研究发现中国的私募证券投资基金本质上对应于海外的对冲基金，在发行方式、激励机制、运营模式等方面与海外对冲基金并无差异。因此，中国的私募证券投资基金通过近年来的快速发展，已经成为对标海外对冲基金的重要机构投资者。

在中国金融市场，私募证券投资基金有一个重要的投资行为——实地调研上市公司。当私募证券投资基金尚未成为目标公司股东时，其关心问题的顺序依次是：第一，行业竞争结构，即所谓“赛道”；第二，公司商业模式，即所谓“护城河”；第三，公司治理结构。而一旦其成为目标公司股东之后，行业竞争结构和公司商业模式不再位居考虑前列，此时第一位需要关注的问题就是公司治理结构（Brav et al.，2008）。实地调研提供了私募证券投资基金经理和上市公司管理层面对面的“沟通”机会，私募证券投资基金经理往往具备良好的专业素质和敏锐的市场嗅觉，会就公司治理问题与管理层进行充分交流，双方都能从“沟通”中获取有价值的信息、得到新的思路和启发（Trouche et al.，2014；Carlson，2019；Chen et al.，2020）。与此同时，随着中国投资者关系管理制度和上市公司信息披露制度的进一步完善，实地调研过程中私募证券投资基金与管理层交流的所有数据信息皆会向市场公开发布。

因此，本书选择实地调研作为检验“柔性治理”的研究场景，对中国私募证券投资基金持股之后与目标公司管理层之间的面对面“沟通”行为进行实证检验。实地调研的研究场景具有如下优势：

第一，实地调研提供了私募证券投资基金前往公司现场与管理层面对面问答的机会，为检验“柔性治理”提供了事件背景。

第二，深圳证券交易所要求所有上市公司对实地调研内容进行及时、详尽的披露，尤其是2012年7月制定的《中小企业板信息披露业务备忘录第2号：投资者关系管理及其信息披露》中规定，上市公司需在实地调研结束后两个交易日内编制《投资者关系互动记录表》并将其刊载于深交所网站，为检验“柔性治理”提供了数据信息。

第三，尽管海外对冲基金经理与管理层以直接，或是较为私密的沟通方式进行股东积极主义行为已有先例（Carleton et al.，1998；Brav et al.，2008；Becht et al.，2009；Dimson et al.，2015；McCahery et al.，2016；Aiken & Lee，2020），但双方实施此类沟通方式的具体细节并不可知，对于其如何达成一致意见以及后续对公司实际经营行为影响的分析鲜有涉及（Bebchuk et al.，2020）；而中国私募证券投资基金实地调研事件恰好可以打开这个“黑箱”，为检验“柔性治理”提供了渠道。

第四，2016年作为中国私募证券投资基金行业的“监管元年”，中国证监会针对私募证券投资基金出台了数个监管法规，对其诸多行为进行了严格监管，尤其是限制了私募证券投资基金直接影响上市公司的诸多行为，相当于“刚性治理”威胁降低，为检验“干预”威胁降低之后，“沟通”效果如何变化、“沟通”与“干预”是互相替代还是互相补充的关系提供了外生性的准自然实验。

二、研究问题

基于上述研究背景，本书研究的主要问题有四个。

研究问题一：中国私募证券投资基金持股之后实地调研上市公司，能否发挥“柔性治理”作用，通过与目标公司管理层的面对面“沟通”提升公司股票市场估值，并且影响公司实际经营行为？

研究问题二：中国私募证券投资基金持股之后实地调研上市公司时，是否通过与目标公司管理层面对面“沟通”公司治理问题的渠道，提升公司股票市场估值和影响公司实际经营行为？

研究问题三：2016 年监管改革“刚性治理”威胁降低之后，中国私募证券投资基金持股之后实地调研上市公司时，“柔性治理”发挥的治理效果是否会减弱？

研究问题四：上述“刚性治理”影响“柔性治理”的关系，在股权结构与代理成本不同的公司中是否有所差异？

第二节　研究意义

本书利用中国私募证券投资基金持股之后实地调研上市公司的场景，研究了“柔性治理”是否有治理效果，并在此基础上对有关公司治理问题的渠道、“刚性治理”威胁降低是否影响“柔性治理”效果发挥等进行了诸多实证检验。具有一定的理论意义和现实意义。

一、理论意义

第一，本书检验了中国私募证券投资基金实地调研的经济后果，提供了对冲基金经理进行“柔性治理”（“沟通”）能否发挥公司治理作用的经验证据。在海外，围绕对冲基金股东积极主义展开的实证文献众多，但大多数学者主要从直接“干预”（即正式的、需要走完整公司治理流程的方式影响目标公司治理结构与经营行为）的角度分析，鲜有学者关注到以“沟通”方式（即非正式的、私下沟通的方式影响目标公司治理结构与经营行为）实行股东积极主义行为及其带来的影响（Brav et al.，2015b）。本书参考莱维特（Levit，2019，2020）关于“沟通”是一种“柔性治理”，“干预”是一种“刚性治理”的理论分析框架，并结合中国私募证券投资基金市场自身的制度背景与监管改革，以私募证券投资基金持股上市公司之后的实地调研作为事件和研究对象，实证研究发现：这种股东与管理层之间面对面的“柔性治理”方式，提升了目标公司的股票市场估值和财务绩效，为传统的公司治理理论提供了新的经验证据（Brav et al.，2008；Brav et al.，2018；Bebchuk et al.，2020）。

第二，本书检验了中国私募证券投资基金实地调研“柔性治理”的影响机制，提供了实地调研中涉及的公司治理问题带来公司价值变化的经验证据。在已有研究中，尚无文献就实地调研中涉及的公司治理问题进行相应的分类检验。本书得益于深圳证券交易所要求上市公司强制披露的《投资者关系互动记录表》，其中详细记录了投资者关系活动的主要内容，包括实地调研过程中私募证券投资基金经理与目标公司管理层的问答详情。因此，本书有机会对中国私募证券投资基金持股之后实地调研过程中，与目标公司管理层“沟通”的话题内容，尤其是涉及公司治理问题的部分，做进一步的实证检验。不仅如此，区别于以往的文本分析方法，本书创新性地使用了计算语言学中深度学习的卷积神经网络（CNN）和Word2vec模型嵌套，针对问答中对公司治理问题的重视程度进行了上下文的文本分析。实证研究发现：正是与管理层面对面“沟通”公司治理问题，提升了目标公司的股票市场估值和财务绩效，为对冲基金如何行使股东积极主义的影响渠道研究提供了新的经验证据（Cheng et al.，2015；Brav et al.，2018；Boyson & Pichler，2019）。

第三，本书检验了中国私募证券投资基金行业监管改革（“刚性治理”威胁降低）之后，私募证券投资基金实地调研“柔性治理”效果变化的问题，提供了私募证券投资基金经理与管理层之间“沟通”与“干预”是互相替代，而非互相补充关系的经验证据。莱维特（Levit，2019，2020）构建的理论模型发现，“干预”和“沟通”分别代表公司的“刚性治理”和“柔性治理”，它们之间是互相替代而非互相补充的。“干预”会损害“沟通”，特别是在委托人“干预”威胁较大或者代理成本比较高时。本书利用2016年中国私募证券投资基金行业加强监管、私募证券投资基金不再能够随意影响上市公司实际经营的外生性事件进行实证研究，发现：私募证券投资基金对上市公司的“干预”威胁降低时，这种“沟通”效果大打折扣，特别是在股权分散或代理问题严重的公司中。这为莱维特（Levit，2019，2020）的模型预期提供了相应的实证证据。

第四，本书检验中国私募证券投资基金实地调研“柔性治理”之后，对公司财务绩效和公司投融资行为的影响，提供了海外对冲基金股东积极主义能否产生长期价值争论的经验证据。在目前的学术研究中，部分学者认为，对冲基金能够提升目标公司运营、财务管理以及治理结构的水平，进而提高目标公司股票市场定价效率。然而，部分学者认为，对冲基金不仅对目标公司股东价值无益，也不会对目标公司的实际经营行为产生实质性影响（Cheng et al.，2015；Brav et al.，2018；Boyson & Pichler，2019）。本书实证研究发现，私募证券投资基金与管理层的“柔性治理”效果，只局限在影响公司治理进而提升公司财务绩效层面，并没有深入影响公司的更多投融资行为。这为对冲基金是否能够真正创造长期价值提供了中国数据的经验证据。

二、现实意义

第一，本书有助于理解机构投资者异质性可能带来的差异化影响，以及为监管机构实施差异化的监管政策提供参考（曾志远等，2018）。帮助投资者与公司通过判断不同资产管理模式，甄别与匹配目标基金与股东。公募基金与私募证券投资基金本身存在着本质上的不同，其在激励模式、监管环境等方面的差异使得其资产管理模式也有所不同，公募基金一般采取被动管理的模式，对上市公司的主动干涉较少，而私募证券投资基金对于上市公司的主动管理较为常见。本书的分析有利于为金融监管机构制定精准化、个性化的机构投资者监管政策提供参考。

第二，本书有助于理解中国私募证券投资基金行业发展现状，甄别私募证券投资基金作为重要机构投资者在金融市场中所扮演的角色（赵羲等，2018）。从2010年正式诞生以来，私募证券投资基金在日均交易量、资产管理规模和资产管理能力等方面，已与公募基金行业中的权益类基金较为接近。然而两者的行为模式在本质上有较大区别，因此及时了解中国私募证券投资基金行业发展现状与其在上市公司治理结构中的作用成为当务之急。这既为中国金融市场的私募证券投资基金投资、私募 FOF 产品设计和私募证券投资基金监管政策提供了参考，又关乎经济资源的合理配置乃至金融安全问题。

第三，本书有助于理解中国私募证券投资基金对公司治理，尤其是会计、财务信息的影响，为金融监管机构制定政策提供理论和实证依据（Brav et al.，2008）。中国私募证券投资基金通过何种方式影响目标公司经营管理和治理结构、产生何种影响结果尚未可知，尤其是不知道是会影响公司的股票市场估值的提升，还是会影响公司的实际会计、财务行为。本书以真实数据为上市公司引进私募证券投资基金作为股东，并对其进行有效监管等监管政策的制定提供了决策依据。

第四，本书有助于理解中国金融市场正式与非正式治理机制发挥效果的经济后果（Levit，2019，2020）。中国私募证券投资基金通过持股之后实地调研上市公司，通过“柔性治理”能够显著影响公司的市场估值与财务绩效；然而，这种“沟通”效果仅局限在影响公司治理进而提升公司的财务绩效层面，并不能影响公司的更多投融资经营行为。因此，实地调研等非正式治理的作用也不可被过分夸大，机构投资者在与目标公司管理层“沟通”中也应该遵守相关的制度规定，防止选择性披露或“过度调研”的行为发生。

第三节 研究内容、思路与方法

本节包括三部分内容：研究内容、研究思路和研究方法。

一、研究内容

本书主要研究内容包括三部分，依次为：对中国私募证券投资基金实地调研“柔性治理”行为经济后果的检验；对中国私募证券投资基金实地调研“柔性治理”行为的渠道检验（公司治理问题）；监管改革“刚性治理”威胁降低之后，对中国私募证券投资基金实地调研“柔性治理”行为效果的影响检验。

第一部分针对海外研究对冲基金能否长期发挥公司治理作用的争议（Brav et al.，2008），以及莱维特（Levit，2019，2020）“柔性治理”能否发挥公司治理作用，进行了相应的实证检验。分析发现，“沟通”可以传递有价值的信息，且私募证券投资基金经理与管理层面对面的“沟通”更加有效率，不仅能够单方面传递信息，还能够实现双方信息的试探、交换，甚至纠错。因此，中国私募证券投资基金持股之后实地调研上市公司，能够通过与目标公司管理层面对面“沟通”提升公司股票市场估值，并且影响公司实际经营行为。

第二部分针对实地调研内容中是否涉及公司治理问题加以分析，实证检验其对私募证券投资基金“柔性治理”行为效果的影响。具体说，当私募证券投资基金尚未成为目标公司股东时，其关心问题的顺序依次是：第一，行业竞争结构；第二，公司商业模式；第三，公司治理结构。私募证券投资基金成为目标公司股东之后，此时第一位需要关注的问题就是公司治理结构（Brav et al.，2008）。与此同时，私募证券投资基金作为一类成熟的机构投资者，其专业能力与对公司情况判断的敏锐程度较高，能够就目标公司的公司治理问题给出专业的建议。因此，私募证券投资基金持股之后的实地调研中若涉及公司治理问题的“沟通”，目标公司管理层从“沟通”中能够获取更有价值的信息，进而提升公司股票市场估值和影响公司实际经营行为（Becht et al.，2009；Dimson et al.，2015；Aiken，Lee，2020）。

第三部分实证检验莱维特（Levit，2019，2020）的理论模型，即“柔性治理”和“刚性治理”是互相替代而不是互相补充的。“干预”有时会损害“沟通”，当委托人“干预”威胁较大或者代理人成本比较高时，应该选择“沟通”而不是“干预”。具体说，如果私募证券投资基金进行直接“干预”的威胁较强，一旦管理层忽略其建议，或仅采取象征性行动，公司可能面临如代理权之争等较为激烈的直接“干预”行为；而管理层在应对这类直接“干预”行为时所需付出的成本大于收益，因此其更可能选择与私募证券投资基金进行有效“沟通”。与之相反，如果私募证券投资基金进行直接“干预”的威胁较弱，即使管理层忽略其建议，或仅采取象征性行动，管理层的收益也大于成本，私募证券投资基金与管理层的有效“沟通”可能难以发生。不仅如此，上述作用机制还会受到不同股东之间博弈与公司代理问题的影响。监管改革“刚性治理”威胁降低之后，中国私募证券投资基金持股之后实地调研上市公司时，与目标公司管理层面对面“沟通”，提升公司股票市场估值和影响公司实际经营行为的效果会减弱，并且这种影响在股权集中度较低与代理成本较高的样本中更为明显（Carleton et al.，1998；Dimson et al.，2015；McCahery et al.，2016）。

二、研究思路

本研究的基本思路如下。

第一，以中国私募证券投资基金持股之后实地调研上市公司为研究对象，分析私募证券投资基金是否会进行“柔性治理”，即与管理层面对面“沟通”公司治理等问题。

第二，上述“柔性治理”是否提升了目标公司股票市场估值和财务绩效。

第三，当2016年监管改革之后，即私募证券投资基金对上市公司的“刚性治理”威胁降低时，“柔性治理”效果是否受到影响。

第四，上述“沟通”效果在股权分散或代理问题严重的公司中是否有所不同。

第五，私募证券投资基金与管理层的“沟通”效果是只局限在影响公司治理进而提升财务绩效，还是能够影响到公司的更多投融资经营行为。

本研究的实现路径为：文献与制度背景分析→核心概念提炼→理论分析与实证研究→实地调研与案例分析→研究结论与金融监管政策建议。详细展开如下：

（1）文献与制度背景分析。针对现实问题，运用历史分析和文献研究方法，系统梳理国内外相关领域研究成果及方法，确立详细的研究方案，并就总体理论框架、内容纲要以及具体任务的落实，对搜集到的信息资料进行整理、消化和吸收。在此基础上，梳理出转轨经济背景下中国私募证券投资基金股东积极主义研究最新动向，为之后的理论与实证研究提供现实依据。

（2）核心概念提炼。基于中国金融市场的私募证券投资基金行为模式分析，科学验证核心概念（私募证券投资基金股东积极主义、“柔性治理”与“刚性治理”）内在相关性与逻辑一致性，突破现有私募证券投资基金研究的局限性，进而透析其对目标公司股票市场估值和公司实际经营活动影响的经济后果。

（3）理论分析与实证研究。首先，从定性角度综合分析各方面影响因素，构建“柔性治理”的理论分析框架。其次，采用计量分析方法，对理论模型进行实证检验与修正。最后，通过数据验证研究假说。

（4）实地调研与案例分析。从实地调研数家私募证券投资基金中发现值得研究的新问题，补充和完善现有理论体系。选择处于不同地区、使用不同策略、管理不同规模的私募证券投资基金经理作为研究对象进行案例研究，并对调研数据及相关理论观点进行归纳总结。

（5）结论分析与金融监管政策建议。完成“柔性治理”的实证检验，总结和提炼私募证券投资基金改善目标公司经营管理和治理结构、防范市场系统性风险的金融监管政策建议。

三、研究方法

本书同时采用规范性研究与实证性研究的方法，并且定性与定量分析相结合。本书主要使用了中国知网（CNKI）、维普中文期刊数据库、杰斯特电子期刊全文过刊库（Journal Storage，JSTOR）、斯普林格电子图书及丛书库（SpringerLink）、社会科学研究网（Social Science Research Network，SSRN）、万得数据库（WIND）、国泰安数据库（CSMAR）、私募排排网、私募云通数据库等提供的资料。本书在进行不同问题研究时的具体方法为：

（1）文献归纳法。本书围绕研究主题与具体的研究问题，详细梳理了有关中国私募证券投资基金与公募基金、海外对冲基金、机构投资者实地调研等过往文献，并且对其进行系统性的回顾与归纳整理。在上述文献基础上，详细总结与分析公募基金与私募证券投资基金、海外对冲基金与私募证券投资基金相似之处，并且将股东积极主义的讨论应用至实地调研与公司治理影响的研究场景中，总结归纳出本书需要进行的研究以及需要解决的问题。

（2）逻辑演绎和归纳方法。本书从理论上分析私募证券投资基金持股后实地调研上市公司所发挥的“柔性治理”作用，以及其对公司市场估值与实际经营行为的影响机制，并得出相关研究框架。

（3）实证分析的研究方法。通过运用私募证券投资基金持股之后实地调研上市公司的相关数据，以及上市公司的公司特征数据、财务数据等进行PSM-DID和DDD的实证检验，并在此基础上利用实地调研的问答数据等做进一步的渠道检验，以此得出检验结果与相关结论。

第四节 概念界定、研究框架与章节安排

本节包括三部分内容：概念界定、研究框架与章节安排。

一、概念界定

本书分别利用中国证券投资基金业协会网站资源、深圳证券交易所相关法规以及相关经典文献，对私募证券投资基金、实地调研以及“刚性治理”与“柔性治理”三个概念进行详细界定。

（一）私募证券投资基金

私募证券投资基金主要指在中国境内设立，并以非公开方式向特定投资者（由少部分机构投资者与个人投资者组成）募集资金的基金。其与以公开方式向不特定投资者募集资金的公募基金，以及与私募基金中的其他成员（私募股权投资基金、创业投资基金、私募资产配置类基金）[①] 有显著的区别。

第一，募集资金的对象范围相对较小、标准较为严格。私募证券投资基金主要针对有一定资金实力的个人投资者以及少部分机构投资者开放，对募集对象的资产规模、风险承担能力等均有非常严格的标准。不仅如此，为防止募集过程中可能出现的风险不对等、非法汇集他人资产等情况，监管机构也对其合格投资者制度进行了严格的规定，要求基金管理方、投资者以及第三方机构对相应的投资、资金风险进行充分的提示与评估。

第二，募集资金的方式较为独特。私募证券投资基金只能以非公开方式向特定投资者募集资金，不得以任何公开方式（如社交媒体、线下公开会议、传单、各种形式的公开广告等）向不特定投资者进行推介宣传。一般来说，私募证券投资基金的推介宣传方式，主要依其目标的特定投资者以及其具体的发行方式而定，且在募集资金过程中，私募证券投资基金不得向投资者做出最低收益等承诺。

第三，所受公开信息披露要求较低。私募证券投资基金并不需要对其投资目标、标的等信息进行定期的公开披露，一般只需按合同约定向其投资者进行

① 私募证券基金主要投资于上市公司股票、债券、期货以及证监会规定的其他资产；私募股权、创业投资基金主要投向未上市企业股权、上市公司非公开发行或交易的股票，以及证监会规定的其他资产；资产配置类私募投资基金主要采用基金中基金的投资方式对私募证券投资基金和私募股权、创业投资基金进行跨类投资。

相应的信息披露即可。

第四，所受监管要求较少。中国私募证券投资基金起步较晚，相关的法律法规正在逐步完善的过程中，在一定程度上使其所受的监管约束较少。基金管理人仅需向中国证券投资基金业协会进行登记备案以进行相应的投资活动，但这并不作为其投资能力与相应投资产品的安全保证。然而，自 2016 年开始，中国证监会与中国基金业协会针对私募行业陆续发布了一系列的监管新规，私募证券投资基金逐渐开始受到全方面、多维度的监管限制，使其投资范围与投资能力的发挥受到了限制。

第五，追求绝对收益而非追求相对排名，对所投资上市公司采取“主动管理”的投资模式。私募证券投资基金的利润主要来源于其管理基金所产生收益的分成，而非来自固定的管理费。因此，基金经理有较大的动力提升基金的收益率，即追求基金的绝对收益。不仅如此，由于其对特定股票的投资比例限制小，可以大量、长期持有价值被低估股票并通过主动提升其公司治理水平等方式获得绝对收益的增长。

相较于私募证券投资基金而言，公募基金在募集方式、信息披露、监管要求以及激励模式方面都有很大的不同。首先，公募基金的募集方式主要针对公开的非特定投资者，且可以通过公开方式进行宣传推介，相较于私募证券投资基金，其筹集资金的能力较强。不仅如此，公募基金还能以封闭式、开放式等方式申请在交易所上市交易，相较于私募证券投资基金有更大的资金规模发展潜力。其次，由于公募基金面向公开、非特定投资者，对其信息披露与监管要求较为严格，其必须向投资者与监管机构定期披露资金运行、投资标的等信息，且在投资比例、投资标的等方面均受到严格的限制。最后，公募基金的利润主要来自固定的管理费用，而无关基金的盈余亏损。相反，市场的相对排名对于其吸引投资者与获得更多固定管理费有重要作用，基金经理更注重相对排名的高低。在此激励模式下，公募基金多数不会选择“主动管理”模式，对所投资的上市公司的干预动机较弱。

（二）实地调研

机构投资者调研是上市公司投资者管理中的重要组成部分，按具体类别可分为实地调研与非实地调研。2012 年 7 月，深圳证券交易所制定的《中小企业板信息披露业务备忘录第 2 号：投资者关系管理及其信息披露》规定，上市公司需在投资者调研结束后两个交易日内编制《投资者关系互动记录表》并将其刊载于深交所网站。记录表为本研究提供了实地调研的数据基础。

记录表的内容包括特定投资者调研、业绩说明会、路演活动、媒体采访、现场考察以及分析师会议等活动。依据程等（Gheng，2016）对实地调研的分类，本书选取了其中的“特定投资者调研”与“现场考察”为实地调研的具体定义。实地调研的流程与内容主要包括：参与调研的机构投资者到上市公司所在地或项目实地进行访问与参观，并且与上市公司管理层进行面对面的沟通。沟通一般以会议形式进行，上市公司先就其近期具体情况进行简单的介绍，机构投资者随后对公司的具体经营情况、重大事件或公司治理情况提出相关的问题，相关的公司负责人对上述问题做出回应。上述沟通过程以会议记录的方式详细呈现于《投资者关系互动记录表》中；实地调研的主要参与对象包括基金公司、证券公司等机构投资者的代表，以及来自上市公司管理层的代表，如上市公司董事长、总经理或董事会秘书等。

（三）“刚性治理”与“柔性治理”

学术研究的最新进展将公司治理方式分为“刚性治理”以及“柔性治理”两种。“刚性治理”主要指投资者对公司进行直接“干预”，如发起收购威胁、强制更换管理层等。这类治理方式在一定程度上带有强制性的意味，是投资者向管理层施压的主要手段。刚性治理往往会引起较为强烈的市场反应，所耗费的成本较大。参照莱维特（Levit，2019）对公司治理方式的描述，本书将“刚性治理”以外的治理行为称为“柔性治理”，主要指投资者以与管理层“沟通”的方式实现其股东积极主义目标的行为。一般来说，投资者很难将其公司治理目标强加于管理层或其他股东，而除了直接“干预”，还可以通过“沟通”来劝说与平衡各方利益以实现其目标（Levit，2019）。

二、研究框架与章节安排

本书的研究框架与章节安排如下：

第一章，引言。本章包括：研究背景与研究问题，研究意义，研究内容、研究思路及研究方法，概念界定、研究框架与章节安排等四个部分。

第二章，文献回顾与评述。本章结合经典文献，回顾了机构投资者的投资行为及其经济后果，私募证券投资基金投资行为与绩效表现，海外对冲基金的股东积极主义行为，中国特色的实地调研四部分。

第三章，中国特定制度背景下的私募证券投资基金市场。本章介绍了中国私募证券投资基金行业 2010—2019 年制度变迁，具体包括：中国私募证券投资基金市场发展现状，中国私募证券投资基金投资策略与产品绩效特征，中国私募证券投资基金经理的个人特征，中国私募证券投资基金公司的治理结构特征，中国私募证券投资基金监管法规演变历程五个部分。

第四章，理论分析与研究假说。本章介绍了实地调研和监管改革事件，具体包括：中国私募证券投资基金“柔性治理”的经济后果检验，中国私募证券投资基金“柔性治理”的渠道检验（公司治理问题），监管改革（“干预”威胁降低）对中国私募证券投资基金“柔性治理”效果的影响检验三个部分。

第五章，实证研究方法设计。本章基于理论分析设计了实证方案，具体包括：样本选择与数据来源，检验模型和变量设定，变量描述性统计三个部分。

第六章，实证检验结果及分析。本章基于实证研究方案检验了研究假说，具体包括：私募证券投资基金“柔性治理”对公司股票市场估值的影响，私募证券投资基金“柔性治理”对公司实际经营行为的影响，私募证券投资基金“刚性治理”威胁降低后“柔性治理”效果变化，稳健性分析四个部分。

第七章，全书总结。本章包括研究结论与启示，研究局限与未来研究方向两部分。本书的研究框架与结构如图 1.1 所示。

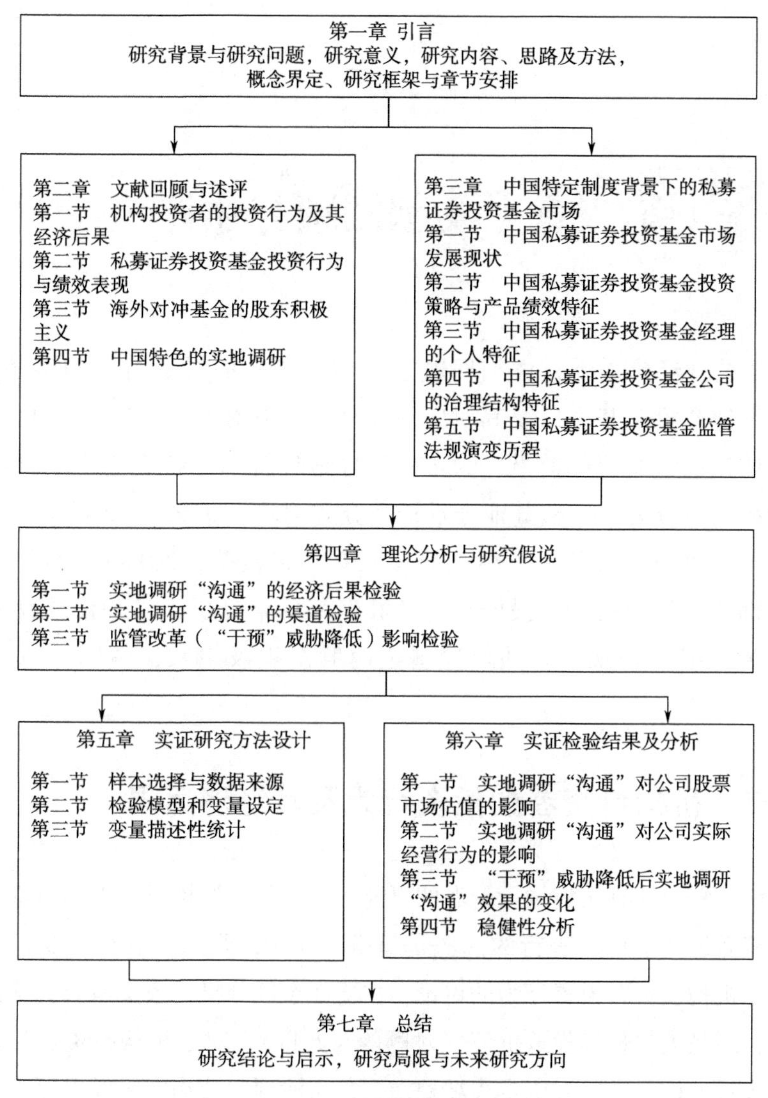
第一章 引言
研究背景与研究问题，研究意义，研究内容、思路及方法，
概念界定、研究框架与章节安排
第二章　文献回顾与述评
第一节　机构投资者的投资行为及其经济后果
第二节　私募证券投资基金投资行为与绩效表现
第三节　海外对冲基金的股东积极主义
第四节　中国特色的实地调研
第三章　中国特定制度背景下的私募证券投资基金市场
第一节　中国私募证券投资基金市场发展现状
第二节　中国私募证券投资基金投资策略与产品绩效特征
第三节　中国私募证券投资基金经理的个人特征
第四节　中国私募证券投资基金公司的治理结构特征
第五节　中国私募证券投资基金监管法规演变历程
第四章　理论分析与研究假说
第一节　实地调研“沟通”的经济后果检验
第二节　实地调研“沟通”的渠道检验
第三节　监管改革（“干预”威胁降低）影响检验
第五章　实证研究方法设计
第一节　样本选择与数据来源
第二节　检验模型和变量设定
第三节　变量描述性统计
第六章　实证检验结果及分析
第一节　实地调研“沟通”对公司股票市场估值的影响
第二节　实地调研“沟通”对公司实际经营行为的影响
第三节　“干预”威胁降低后实地调研“沟通”效果的变化
第四节　稳健性分析
第七章　总结
研究结论与启示，研究局限与未来研究方向

图 1.1　本书结构框架图

第二章　文献回顾与述评

本章结合经典文献，详细回顾了机构投资者的投资行为与经济后果，中国私募证券投资基金以及其对应的海外对冲基金领域的研究成果，并探讨了目前该领域的研究前沿，为本书更好地理解中国特定制度背景中一类特殊的机构投资者——私募证券投资基金（对应于海外对冲基金）的投资行为与治理机制提供了一个标准的参照系（赵羲等，2018）。本章内容包括四个部分：机构投资者投资行为及其经济后果分析，私募证券投资基金投资行为与绩效表现，海外对冲基金的股东积极主义，中国特色的实地调研。

第一节　机构投资者的投资行为及其经济后果

目前，海内外有关机构投资者的研究，主要是从机构投资者的投资行为以及其经济后果两个角度进行的（陈国进等，2010；张宗新和杨通旻，2014）。其中对于机构投资者投资行为的讨论，主要在于区分机构投资者究竟是注重短期获利，还是关注长期投资价值（姚颐等，2011）。对于机构投资者带来的经济后果进行分析，则从对资本市场稳定、公司治理、公司实际经营等方面展开讨论（Shleifer & Vishny，1986；De Long et al.，1990；王琨和肖星，2005）。

一、机构投资者投资行为分析

部分学者认为，机构投资者的投资行为主要是由短期因素驱动的，其中最为主要的有投资者情绪、羊群效应等。德朗等（De Long et al.，1990）首次将投资者情绪引入股票价格模型，发现机构投资者会利用噪音交易者的市场情绪进行短期交易。诺夫辛格和西亚斯（Nofsinger & Sias，1999）发现，相较于个人投资者，机构投资者更倾向于进行动量交易，并且具有更为明显的信息优势。布希（Bushee，2001）通过考察机构投资者的交易行为发现，公司的短期会计盈余是机构投资者交易时首要考虑的因素，少有机构投资者会通过等待公司长期盈余来获利。丹尼斯和思特里克兰德（Dennis & Srickland，2002）通过研究美国震荡股市交易日的数据发现，相较于其他机构投资者，共同基金由于短期业绩考核压力较大，更易关注于短期获利的目标，并且更易出现“羊群行为”。

基于中国数据的分析，也得到了类似的研究结论：蔡庆丰和宋友勇（2010）通过实证研究发现，在实施“超常规发展机构投资者”后的中国基金业仍旧存在诸多问题，尤其是其中基于固定管理费获取收益的公募基金，“追涨杀跌”行为普遍，并非长期的价值投资者。温军和冯根福（2012）通过分析发现，由于公募基金有定期披露业绩以及业绩考核的相关压力，其更注重短期业绩而非关注目标公司长期价值的提升。

近年来，有学者提出了机构积极主义的观点。詹森（Jensen，1993）认为，持股较多的机构投资者会被“锚定”在所投资的企业中，因为其难以直接“用脚投票”（或是“用脚投票”成本太高），一般会进行较为长期的“用手投票”的选择。温军和冯根福（2012）利用2004—2009年上市公司的数据，发现机构投资者异质性会显著影响其投资目的，不参与基金业绩排名以及无定期业绩压力的养老基金、QFII等机构投资者也是长期的价值投资者。布拉夫（Brav，2015b）研究发现，海外对冲基金是实施积极主义的重要代表，会通过长期持有公司股票并且通过改善其公司治理等手段获取长期收益。

上述分析说明，目前学术界对于机构投资者究竟是长期价值投资者，还是短期利益的攫取者还未有定论。究其根本，是由于不同类型的机构投资者所采取的投资策略与投资目标不尽相同，以机构投资者整体出发的研究可能并不能得到最为准确的分析结论。

二、机构投资者与资本市场稳定

基于不同类型的机构投资者，可能带来的市场影响也大相径庭。部分学者对机构投资者对资本市场定价效率、市场波动等展开分析；部分学者针对机构投资者或被投资公司本身展开分析。

有关机构投资者对市场稳定性方面的研究主要有：拉克尼肖克等（Lakonishok et al.，1992）研究发现，机构投资者的羊群行为会与个人投资者的非理性行为产生相互抵消的作用，因此并不会引发市场的剧烈波动。西亚斯（Sias，1996）认为，相对于个人投资者，机构投资者更为理性，具体表现为对投资标的信息掌握得更为全面，对定价过程更为了解，因此所投资的股票一般更为稳定。维尔默斯（Wermers，1999）研究发现，以基金为代表的机构投资者买入卖出交易行为会加快股价吸收新信息的速度，从而减少市场的波动。祁斌等（2006）通过研究2001—2004年上市公司机构投资者数据，发现机构投资者持股能够显著降低股票的波动率，支持了机构投资者具有稳定市场作用的观点。

与上述文献相反，德朗等（De Long et al.，1990）认为，由于机构投资者正反馈交易策略的存在，其并不能够发挥稳定市场的作用，相反，机构投资者的出现反而会加剧市场的波动。陈国进等（2010）对以基金为代表的机构投资者日持股数据进行分析发现，由于持有者的申购赎回行为以及机构投资者本身的理性投资行为，机构投资者在很大程度上助推了股市的暴涨暴跌。许年行等（2013）通过研究2005—2010年上市公司机构投资者持股数据发现，机构投资者的羊群行为会降低股价中的信息含量，从而增加了公司的股价崩盘风险与股价同步性。

三、机构投资者与公司治理

除去对资本市场宏观整体的影响外，机构投资者对于投资标的公司也有着重要影响，其中讨论最为广泛的是机构投资者参与公司治理的问题。刘星和吴先聪（2011）将机构投资者参与公司治理的动机总结为代理成本与逐利偏好、资金优势与信息优势、监管放松以及企业自身治理水平的需求，其中，机构投资者出于自身利益与优势而发起的公司治理行为占据较大部分。具体说，机构投资者会通过比较“用脚投票”与“用手投票”的利弊，以及具体衡量参与公司治理所需付出的成本和可能获得的收益进行是否采取相关行动的决策。值得一提的是，政府部门对机构投资者相关监管政策的相对宽松环境也会赋予机构投资者更多参与公司治理的机会。2004年、2006年国务院与中国证监会分别颁布《国务院关于推进资本市场改革开放和稳定发展的若干意见》与《中国上市公司治理准则》，两个文件都对机构投资者参与公司治理行为进行了鼓励与支持。这在很大程度上推动了中国机构投资者参与到上市公司的公司治理中来。

机构投资者参与公司治理的行为也多种多样，主要可分为发起股东提案、行使董事会投票权、发起收购威胁或法律诉讼等。综合说，上述手段大多需要走正式的公司治理程序，且大部分行为具有一定的威胁性色彩。因此，本书将上述公司治理行为统称为“刚性治理”的“干预”手段。除此之外，机构投资者还可以通过与管理层私下协商、发表非正式意见等相对柔和的方式进行公司治理，与“刚性治理”相对，本书将这类公司治理行为统称为“柔性治理”的“沟通”手段。

具体说，德尔-古尔乔等（Del Guereio et al.，2008）实证研究发现，机构投资者会通过联合其他股东，在董事会上采取“不投票”或“投反对票”的行为抵制董事会的相关决议，以此保护自身股东权益。吉兰和斯塔克斯（Gillan & Starks，2007）研究发现，由机构投资者提出的股东提案较个人投资者所提出的提案，不论是所获投票还是所产生的市场影响都更大。赫尔曼（Hellman，2005）利用访谈数据分析发现，机构投资者会通过向公司提供顾问信息、告知自身期望等形式影响公司治理，支持了机构投资者通过“柔性治理”的“沟通”手段影响公司治理的观点。

机构投资者参与公司治理所产生的影响也可分成很多方面。本书将具体从机构投资者对公司绩效、对公司具体经营行为两个方面进行分析。

机构投资者能够通过发挥公司治理效应提升公司绩效。施莱弗和维什尼（Shleifer & Vishny，1986）通过分析发现，相较于个人投资者，由于机构投资者一般都拥有较大比例的公司股份，其对公司的监督作用发挥得更为频繁与有效，因此也能够提高公司的绩效。德尔-古尔乔和霍金斯（Del Guereio & Hawkins，1999）研究发现，持股较多以及影响力较大的机构投资者参与公司治理更为积极，并且发挥的作用相较于其他机构投资者更显著。娄伟（2002）实证研究发现，基金持股能够显著提升公司的托宾 Q 值，说明以基金为代表的机构投资者会通过参与公司治理而改善公司绩效。李维安和李滨（2008）通过研究 2004—2006 年公司治理数据发现，机构投资者能够显著提升公司治理水平，并且能够降低公司代理成本、改善公司绩效、提高市场价值。曾志远等（2018）利用 2009—2017 年上市公司数据研究发现，以基金为代表的机构投资者会约束其他控股股东的侵占行为，以此促进公司治理的改善，并且提升公司价值。

有部分学者对机构投资者通过参与治理提升公司绩效持反对意见。卡尔波夫等（Karpoff et al.，1996）研究发现，机构投资者的公司治理行为并不会产生显著的效果，并且对公司市值无明显影响。科菲（Coffee，1991）的分析发现，由于与公司之间的利益冲突与战略同盟关系，机构投资者可能并不会很好地履行其监督义务，反而可能会出现与公司管理层合谋等情况而加剧公司代理问题，损害股东利益。唐跃军和宋渊洋（2010）利用2003—2007年上市公司数据，研究发现，机构投资者持股变动虽然能够在初期提升公司绩效，但其影响在中后期的绩效改善中表现较差。不仅如此，他们的分析还发现了只有基金才对所投资公司有价值创造能力，其他大部分的机构投资者只有对所投资公司的价值选择能力。施密特和法伦布拉赫（Schmidit & Fahlenbrach，2017）研究发现，采用被动管理模式的基金参与公司治理的动力与能力都较弱，尤其是对于一些需要耗费巨大监督成本的重大公司事件。因此，被动型基金并不能通过发挥公司治理效应帮助提升公司价值。

综上所述，目前学术界对于机构投资者是否能通过参与公司治理提升公司绩效还未有统一的研究结论。虽然大部分文献已证实了机构投资者有参与公司治理的意愿，然而不同的投资管理模式、机构影响力等，都影响着其发挥治理作用并提升公司绩效的效果。

四、机构投资者与公司实际经营

机构投资者会影响公司的一些实际经营行为。王琨和肖星（2005）以2002年全体上市公司为研究样本，发现机构投资者能够显著降低上市公司因关联交易而产生的资产以及资产负债净值，证实了机构投资者具备了影响公司经营治理能力的观点。具体说，机构投资者能够影响企业的具体投资行为与投资效率。温军和冯根福（2012）的实证研究也发现，机构投资者会通过发挥公司治理效应促使企业进行更多的创新行为。李维安等（2017）通过构建基金投资者的社会网络，实证分析发现，基金投资者自身的信息传递效率上升，能够带动其投资的公司投资效率的提升。

机构投资者还可以影响企业的盈余分配。埃克博和维尔马（Eckbo & Werma，1994）的实证研究发现，机构投资者会促使公司将更多的现金用于发放股利。翁洪波和吴世农（2007）利用2001—2004年的上市公司数据，研究发现，机构投资者持股的公司其每股现金股利发放水平相较于其他公司更高，并且机构投资者能够通过发挥监督作用减少公司的“恶意派发”行为。

机构投资者可以影响企业的避税行为。程等（Cheng et al.，2012）实证研究发现，海外对冲基金会通过发挥公司治理作用提升企业的税收政策运行效率。陈冬和唐建新（2013）利用2003—2010年上市公司数据，实证研究发现，机构投资者能够通过其专业的信息挖掘能力监督与防范管理层自利动机下的企业避税行为，从而降低了企业整体的避税程度。

机构投资者能够影响企业的盈余管理行为。程书强（2006）利用2000—2003年上市公司数据，研究发现，机构持股能够通过发挥公司治理效应而抑制操纵应计利润的盈余管理行为，并且机构持股比例越高，抑制效果越好。梅洁和张明泽（2016）也有相似的结论，他们利用2004—2013年上市公司的数据研究发现，在控制了内生性偏误后，机构投资者对于公司盈余管理有着显著的抑制作用。杨海燕等（2012）利用2006—2009年深交所上市公司的数据，研究发现，机构投资者能够显著降低公司的财务报告可靠性，但能提高公司的信息披露透明度。

五、文献述评

机构投资者的投资行为各异，目前学术界对于机构投资者究竟是长期价值投资者，还是短期利益的攫取者还未有定论。不仅如此，机构投资者对于资本市场整体以及对公司治理的影响研究结论也莫衷一是，究其根本，是由于不同类型的机构投资者所采取的投资策略与投资目标不尽相同，以机构投资者整体出发的研究可能并不能得到最为准确的分析结论，而这正为本书展开的针对私募证券投资基金的专门分析提供了理论根据。

第二节　私募证券投资基金投资行为与绩效表现

近年来，随着机构投资者在上市公司股东中的总体地位与影响力不断提升，其对上市公司的公司治理与公司价值影响逐渐成为实务界与学术界争论的焦点（杨海燕等，2012；曹丰等，2015）。其中，由于私募证券投资基金主要投资于权益类资产，尤其是上市公司股票，其对上市公司的公司治理与公司价值带来的影响，相较于私募股权基金与私募资产配置基金都更为突出。不仅如此，区别于主要采取“被动管理”模式的公募基金，私募证券投资基金一般对所投资公司采取“主动管理”，对于上市公司的公司治理等方面影响更为深远。据此，本书以私募证券投资基金为文献回顾对象，并具体回顾其与公募基金在投资行为和绩效表现上的差异、与海外对冲基金对比以及其对金融市场稳定的影响等相关方面的文献。

一、海外对冲基金与中国私募证券投资基金的比较

本书主要的研究对象为中国私募证券投资基金，其在本质上可以对标海外的对冲基金，理由如下：

陈道轮等（2014）利用融资融券和股指期货事件后出现的新型阳光私募（即私募证券投资基金的前身），对比分析其与传统公募基金与传统阳光私募在收益分布特性和非因子绩效表现上的差异，发现新型阳光私募具备良好的风险—收益特性。不仅如此，基于对资本资产定价模型（Capital Asset Pricing Model，CAPM）和法玛—法兰奇三因子模型（Fama-French Three-factor Model，FF3）的绩效解释力发现，新型的阳光私募基本上可以对标海外的对冲基金（Fung & Hsieh，1997）。其结论支持了融资融券和股指期货催生了中国“对冲基金”的观点。

赵羲等（2018）将国内多个主流商用数据库中 2010—2017 年私募证券投资基金数据进行了清洗与合并，以此构建中国私募证券投资基金数据库。通过与海外对冲基金数据库的详细比照，并从行业规模、产品特征、产品绩效和产品策略等方面对双方的异同进行了详细的分析，发现中国私募证券投资基金在发行方式、激励机制、运营模式等方面与海外对冲基金并无差异，但行业规模更大、产品总数为海外对冲基金的 2~3 倍，并且有更高的收益、风险以及更低的夏普比率。总体说，中国的私募证券投资基金本质上可以对应于海外的对冲基金。

根据上述分析，同时鉴于目前国内有关中国私募证券投资基金的相关研究还相对较少，海外对冲基金的相关研究文献也是本节的重要回顾内容之一。另外，由于国内研究将海外共同基金与中国公募基金基本视作同一类机构加以分析（肖欣荣和田存志，2016；中山证券课题组，2020），本书在下面的描述中不再对此加以具体区分。

二、与公募基金在投资行为与绩效表现上的差异

作为中国资本市场中极具代表性的两大投资群体，私募证券投资基金与公募基金之间存在显著的差异，现有文献对于两者差异的描述主要集中于投资行

为、绩效表现、市场影响等方面的分析（巩云华和姜金蝉，2012；陈道轮等，2013）。

目前，海内外大部分的实证研究均发现，公募基金总体上无法战胜市场，即难以获得超过市场平均的超额回报，且基金经理并不具备明显的择时或选股能力（Goetzmann et al.，2007；李红权和马超群，2004）。部分学者就公募基金绩效表现展开了深入分析：谢瓦利埃和埃里森（Chevalier & Ellison，1999）研究发现，海外共同基金经理的投资能力与基金绩效并不显著相关，可能的原因是共同基金一般面临较为严格的监管环境，基金经理投资的范围与投资的比例都受到了多重限制，即使基金经理有投资才能也很难施展。伯克和格林（Berk & Green，2004）从海外共同基金激励模式的角度进行了分析，研究发现，共同基金多追求资产规模的扩张，以此赚取更多的管理费用，基金绩效或投资者收益最大化并非首要目标。

针对中国公募基金的研究也发现，上述问题同样存在。姚正春等（2006）研究发现，由于对于投资者的保护制度尚未完善，中国公募基金内部的委托代理问题突出，基金经理缺乏提升基金绩效与提升投资者利益的动力。不仅如此，李红权和马超群（2004）的分析发现，中国公募基金行业屡次发生损害基金投资者利益的事件，基金经理并不具备出色的投资能力。

与此不同，目前关于私募证券投资基金的实证研究发现，总体上，这些基金的多数能够跑赢市场，并且能够表现出持续且显著的选股与择时能力（Brav et al.，2008；陈道轮等，2013）。阿克曼等（Ackermann et al.，1999）将美国对冲基金的绩效与同期基于股票、债券资产的市场指数收益进行了实证对比，发现对冲基金明显优于上述两类资产。斯威策和欧米查克（Switzer & Omelchak，2011）通过构建对冲基金的投资组合，将其与标普500指数投资组合进行收益对比，发现对冲基金可以取得远超出市场指数的投资收益。陈道轮等（2013）利用CAPM等绩效评价模型，首次对中国私募证券投资基金个体以及组合绩效进行了考察，发现私募证券投资基金总体上战胜了市场，并且基金经理具备了一定的择时与选股能力。

目前有诸多研究试图解释为何私募证券投资基金能够在绩效表现上超越公募基金。斯图尔兹（Ctulz，2007）的研究结论表明，由于海外对冲基金行业相较于共同基金行业所面临的监管等环境更为宽松，基金经理进行投资策略、投资范围等决策时更为自由，使其能够取得更好的基金绩效表现。阿加瓦尔等

(Agarwal et al., 2011) 研究发现，海外对冲基金经理一般具备较为突出的投资才能，丰富的投资经验与卓越的投资能力能够帮助其取得优于共同基金经理的投资绩效。陈道轮等 (2013) 则发现，相较于中国公募基金行业，中国的私募证券投资基金行业的激励机制更有助于激发基金经理的投资才能，不仅如此，宽松的监管环境与灵活的操作模式也能赋予私募证券投资基金经理更多的投资空间与自由。

三、私募证券投资基金与金融市场风险

在海外市场，对冲基金因较为宽松的监管环境和复杂多变的投资策略，被认为是金融体系的重要风险来源，引发了众多学者对其与金融市场系统性风险关系的研究。究其原因，对冲基金隐蔽且特殊的投资行为会通过价格机制影响市场，而信用对冲工具的使用会放大这种影响，杠杆操作中的信用违约行为也可能经由金融机构波及实体企业。持消极态度的学者认为，对冲基金的特殊行为模式无法起到稳定市场的作用，特别是在极端市场条件下，对冲基金的活跃会加速证券市场的崩溃 (Lamont & Stein, 2004; Chan et al., 2005; Khandani, Lo, 2011; Kang et al., 2014)。持积极态度的学者认为，对冲基金并不是金融市场系统性风险蔓延和金融危机形成的罪魁祸首，其在金融市场中能够发挥正面作用。他们认为，对冲基金的交易对手方角色使其有能力为市场提供流动性，而其参与公司治理的主动性对金融市场的稳定和定价效率提高也有正面作用 (Billio et al., 2012; King & Maier, 2009; Agarwal & Meneghetti, 2011; Gantchev et al., 2019)。因此，对冲基金与金融市场风险，特别是与系统性风险和极端市场风险之间的关系存在较大争议。

(一) 对冲基金的特殊投资行为

对冲基金可以被视为一类新兴的专业机构投资者，交易行为和绩效表现与普通机构投资者尤其是公募基金有所差别，在金融市场中的作用也有所不同。众多文献从不同角度分析了对冲基金投资行为模式对市场造成的影响。

负面影响的研究认为，对冲基金的活跃会扰乱市场。伯根和克罗斯 (Bogen & Krooss, 1960) 提出，对冲基金融资融券交易方式会使股价波动加剧。考德斯和普里茨克尔 (Kodres & Pritsker, 1997) 通过分析对冲基金在标准普尔 500 指数合约和 3 个月欧元远期合约中的羊群效应，说明对冲基金对市场稳定具有消极作用。陈等 (Chan et al., 2006) 认为，对冲基金非线性投资

策略以及其资产非流动性与高杠杆性共同加大金融市场系统性风险。本等（Ben et al.，2012）从对冲基金持股仓位变化角度出发，发现在量化危机和雷曼兄弟倒台期间对冲基金被迫大量抛售股票，其中50%是由于投资者赎回资金，42%则是源于杠杆交易平仓造成的。康等（Kang et al.，2014）发现，对冲基金会减少低波动率股票的波动性，同时增加高波动率股票的波动性。这是因为对冲基金面临损失方面的限制，使其不愿意对初期投资可能面临高额损失而日后才能有所回报的股票进行交易。

然而，也有部分学者提出了不同意见，认为对冲基金对金融市场有着正面影响。坎布等（Kambhu et al.，2009）发现，对冲基金由于杠杆操作中对信贷金融机构的高度依赖性而加剧市场整体风险，因此建议应该对大宗经纪商进行有效管制。碧里欧等（Billio et al.，2012）发现，银行、保险公司、经纪商以及对冲基金之间的关联性呈现出动态上浮趋势，而更详细的结果显示对冲基金不仅不是触发系统性风险的因素，反而受到这种系统性风险的牵连。此外，积极参与公司治理的对冲基金对市场积极作用也被学者们证实。别布丘克等（Bebchuk et al.，2015）研究发现，对冲基金对目标公司投资不仅能在短期内带来超额收益，从长期看优秀绩效也具有持续性。根切夫等（Gantchev et al.，2019）发现，对冲基金对目标公司积极治理会通过竞争激励效应传导到行业内其他公司，形成溢出效应。

（二）极端市场条件下的对冲基金行为

对冲基金在金融危机中到底扮演何种角色，早期的研究呈现出两种不同观点。在对1997年金融危机进行回顾时，斯科特（Scott，2008）发现，对冲基金并不是第一个行动的机构，相反，是在共同基金以及一些国际大型机构之后才进行相应的交易行为，因此它们并不是系统风险蔓延的主要推手。布朗等（Brown et al.，2000）更是认为，在大量金融机构抛售马来西亚元时，对冲基金不断买进的行为在一定程度上阻止了汇率的下跌。然而，布伦纳迈尔和纳格尔（Brannermeier & Nagel，2003）在研究中发现，对冲基金推动20世纪90年代科技泡沫形成并从中获利。拉蒙特和施丹（Lamont & Stein，2004）检验了互联网科技泡沫期间以及其他时间段内对冲基金卖空数据，发现对冲基金积极卖空操作呈现出反周期性，说明对冲工具并没有起到稳定市场的作用。

鉴于前期研究对于对冲基金在金融危机中扮演角色尚未形成定论，而2007至2009年全球金融危机爆发，为进一步研究对冲基金在极端市场下的表现提供了条件。碧利等（Billio et al.，2012）指出，在金融危机中，对冲基金行业内绩效相关性和交易策略相关性扩大近1倍。博伊森等（Boyson et al.，2010）发现，控制已知系统性风险因素后，回报较低的不同风格对冲基金之间绩效关联性较强，低回报基金间的相互传染与其面临资金流动性冲击有关。雷卡等（Reca et al.，2013）也证实基金产品绩效回报的相互传染作用，但并未发现传染的不对称性——在高回报的基金中存在这种传染效应。

（三）对冲基金的流动性提供能力

在为金融市场提供流动性方面，对冲基金的积极作用得到众多学者的证实。杰姆（Jame，2014）发现，对冲基金的流动性提供与绩效表现正相关。柴等（Choi et al.，2010）、阿加瓦尔等（Agarwal et al.，2011）以及布朗等（Brown et al.，2012）一致认为，CA（Convertible Arbitrage）基金作为公司可转换证券的重要一级分销商，在提供流动性的同时也将公司局部风险有效分散到市场。柴等（Choi et al.，2009）也证明了CA基金以及其他通过Delta中性组合策略对冲股票风险的基金都能够为股市提供流动性，因为这类策略在股价上涨时会有做空操作，而此时其他市场参与者刚好需要买入股票。阿加瓦尔和梅内盖蒂（Agarwal & Meneghetti，2011）通过观察一级贷款市场的对冲基金行为，进一步证明流动性提供假说。

虽然对冲基金作为交易对手方有能力为市场提供流动性，但这种作用的发挥还取决于宏观市场条件下其提供流动性的意愿。克汉达尼和罗（Khandani & Lo，2011）基于对冲基金的既定投资风格，模拟其各自在2007—2009年金融危机中仓位变化，结果显示，对冲基金投资组合的集体解套行为可能减弱整个市场的流动性。克鲁特里等（Kruttli et al.，2013）也指出，当对冲基金提供流动性的意愿和能力减弱时，市场会受到影响而整体表现变差。

（四）对冲基金的资产定价能力

在对资产价格影响方面，虽然有学者认为对冲基金会为吸引资金流入或其他原因而出现操纵股价行为（Ben et al.，2013），但作为典型的套利者，对冲基金促进资产定价效率提高的能力得到了学者肯定。曹等（Cao et al.，2013）发现，对冲基金更愿意持有正Alpha和高特质波动率股票，它们买入和持有对股价走向有预测性。采取积极性投资策略并主动参与公司治理的对冲基金，对其目标公司市场定价有积极作用。阿加瓦尔和梅内盖蒂（Agarwal & Meneghetti，2011）通过市场对对冲基金投资行为的反应，从侧面验证其对金融市场定价效率的促进作用。他们的研究表明，市场能预期到对冲基金对目标公司治理效率的促进作用，因此在对冲基金宣布其对目标公司贷款后，该公司股价上升。

此外，与曹等（Cao et al.，2013）检验结果相反，格里芬和徐（Griffin & Xu，2009）却发现，对冲基金的持股并不能预测股价未来走势。雷卡等（Reca et al.，2013）对拥挤假说进行检验后认为，即使对冲基金采取了相似策略也不会带来股价的额外波动。

四、相关领域学术研究的发展脉络

结合海内外文献的分析，私募证券投资基金学术研究可以分为三个阶段。第一阶段将私募证券投资基金行业作为一个耦合的整体，单纯分析基金产品绩效与风险，实现将不同基金产品区分的目标（Fung & Hsieh，1997a）；第二阶段结合差异化的市场环境、产品特征以及基金经理个人特征，分析私募证券投资基金产品绩效与风险产生的原因（Eling & Faust，2010）；第三阶段考察私募证券投资基金如何通过行使股东权利而对公司治理产生影响（Brav et al.，2015b；Becht et al.，2017）。私募证券投资基金作为公司治理的一股新兴力量，有着区别于其他机构投资者的先天治理优势：第一，私募证券投资基金有较为宽松的法律监管环境，其投资范围与投资能力所受限制较少（胡宏蛟，2014）；第二，私募证券投资基金追求绝对收益而非相对排名，其基金经理的薪酬主要来自基金产品盈利分红，有提升公司总体绩效的较强动机（Becht et al.，2009）；第三，私募证券投资基金多追求公司根本面的改善带来的长期收益，并且法律规定的锁定条款也使其持有目标公司股份的时间较长，一般具备长期的治理目标（Brav et al.，2008；Boyson et al.，2010）。因此，近年来海内外学术界对于私募证券投资基金股东积极主义与公司治理的研究颇为关注。

五、文献述评

采用不同形式的资产管理模式，私募证券投资基金与公募基金在各方面都体现出显著差异，是完全不同的两类机构投资者，但这一发现仅有来自发达市场的经验证据。在中国金融市场，绝大部分研究聚焦于公募基金，这一方面源于中国的对冲基金，即私募证券投资基金发展较晚；另一方面源于中国私募证券投资基金的数据较难获取。值得庆幸的是，2015 年股票市场异常波动之后，投资者对风险管理的产品需求旺盛，中国的私募证券投资基金行业迎来了发展的加速期，已经成为与公募基金旗鼓相当的机构投资者，同时数据库也愈加完善，为本书研究来自新兴市场的对冲基金领域的经验证据提供了机会。

第三节　海外对冲基金的股东积极主义

在海外的研究结论中，对冲基金区别于其他机构投资者，尤其是共同基金、养老基金等，最大的区别是，对冲基金属于“主动管理”，而共同基金、养老基金等属于“被动管理”，也就是说，对冲基金发挥所谓“股东积极主义”真实参与公司管理，而不是遇到问题只是“用脚投票”。因此，海外对冲基金股东积极主义的研究由来已久，而其研究数据主要来自对冲基金向证券交易委员会提交的13D文件（Schedules 13D）。当对冲基金持有一个公司超过5%的股份并且有意影响公司治理时，其必须于10日内向证券交易委员会正式提交此份文件，并详细披露其交易的细节，包括其进行此项交易的意图①。如果仅持有股份而不干预公司治理，仅需要向证券交易委员会提交一份13G文件即可。由于此项披露的及时性与完整性，使得基于13D文件所做的对冲基金股东积极主义研究更为可信与完整。因此，海外对冲基金领域以此为“事件”展开了系列研究②。

一、海外对冲基金持股目标公司的倾向性

海内外对冲基金研究发现，与外界将对冲基金看作一个短期投资者有所不同（Kahan & Rock，2006），对冲基金平均持股周期为2年左右（Brav et al.，2008），中国私募证券投资基金持股周期为1.8年左右（李路等，2019），对冲基金是公司的长期机构投资者。作为一个长期机构投资者，对于对冲基金倾向于持有什么类型公司的股票，海外研究均得出了较为一致的结论（Klein et al.，2009；Greenwood et al.，2009；Clifford，2008；Mietzner et al.，2014；Boyson et al.，2011）。

第一，对冲基金倾向于持有市值较低的公司的股票。这主要是由于如若公

① https：//www.investor.gov/introduction-investing/investing-basics/glossary/schedules-13d-and-13g。

② 由于起步较晚，目前以中国样本对私募证券投资基金股东积极主义进行的研究较少，本节主要回顾以海外对冲基金为研究对象的成果。

司市值过高，对冲基金成为公司股东并达到一定的持股比例可能需要较高的资金成本，使得其面临的不确定性风险增大。

第二，对冲基金倾向于持有价值被低估的公司的股票，以达到帮助提升公司价值的同时，通过股价的提升获得自身收益的投资目的。

第三，对冲基金倾向于持有盈利较高但成长性较慢的公司的股票。这类公司的预期收益较为稳定。

第四，对冲基金倾向于持有现金流较为稳定但对股东分红等支出较少的公司的股票。这类公司一般经营情况较好，但与股东的关系有较大的改善空间。

第五，对冲基金倾向于持有研发支出更少但业务更为分散的公司的股票。这类公司的投资风险一般较低。

第六，对冲基金倾向于持有机构投资者持股比例更高与分析师关注度更高的公司的股票，这有利于对冲基金在进行股东积极主义行为时寻找同盟。

第七，对冲倾向于持有流动性更好的公司的股票，主要是由于流动性较高的公司代理人问题相对较少（Maug，1998），并且流动性较高的公司股票交易成本更低。

总的说，对冲基金倾向于持有价值被低估且收益较为稳定的公司。这些公司并不存在经营等方面的重大缺陷，但其存在较为明显的委托代理问题（Brav et al.，2008），因此，如果对冲基金尚未成为目标公司股东时，其关心问题的顺序依次是：①行业竞争结构，即所谓“赛道”；②公司商业模式，即“护城河”；③公司治理结构。对冲基金一旦成为目标公司股东后，是长期机构投资者，不能随时“用脚投票”，而行业竞争结构和公司商业模式又是长期变量，此时对冲基金首先关心的问题就转变成目标公司的公司治理结构。

二、海外对冲基金影响目标公司治理结构

海外学术研究发现，积极的对冲基金会提升目标公司（持股的上市公司）在公司运营、财务管理以及治理结构方面的水平，进而提高了目标公司的股票市场定价效率。

（一）海外对冲基金影响目标公司的动机和比较优势

对冲基金相比共同基金、养老基金等机构投资者，有着更强烈动机参与目标公司的公司治理（Brav et al.，2015a）。首先，对冲基金经理享有高比例的绩效提成，同时可能将个人财富投入基金产品，因此有更强烈的动机通过干预

目标公司获取高额收益；其次，对冲基金不受分散持股的监管限制，可以集中持有目标公司的股票，甚至通过衍生品增加杠杆，进而获得更大的话语权，影响目标公司治理；再次，与共同基金或养老基金和目标公司发生经济业务往来不同，对冲基金面临的利益冲突更少；最后，对冲基金在资金募集完成后有超过一年的锁定期，赋予基金经理更大的自由度关注中长期目标，所以对冲基金被认为是长期价值投资者（Brav et al.，2015b）。

（二）海外对冲基金影响目标公司的行为模式

奉行股东积极主义的对冲基金选择的目标公司通常表现为：①公司规模不大（Clifford，2008；Mietzner & Schweizer，2014；Klein & Zur，2009；Greenwood & Schor，2009；Boyson & Mooradian，2011）；②托宾 Q（Tobin's Q）、销售增长率、股息支付率和股票收益率都比较低，但是拥有较强盈利能力（Gillian & Starks，2007）；③研发支出较低、业务多样化程度较高（Boyson & Mooradian，2011）；④公司股票具有较高流动性（Norli et al.，2015）；⑤公司股权较为分散（Gompers et al.，2003）。从上述特征看，对冲基金持股的目标公司通常具有良好的盈利能力和现金流，不存在严重的运营问题，只是这些公司面临自由现金流、股利政策等，未能保证股东利益最大化的公司治理问题，因此存在对冲基金改善目标公司治理结构的可能。

对冲基金对目标公司的影响有着不同目标，主要分为五个方面：最大化被低估的股东价值、改善资本结构、调整商业策略、交易目标公司、改善治理结构（Greenwood & Schor，2009；Brav et al.，2015b；Becht et al.，2017）。为达成上述目标，对冲基金通常会采用七种策略：第一，定期与董事会或管理层进行沟通，但采取这一策略的对冲基金几乎不会向公众透露任何议程信息；第二，放弃在现有董事会中寻找代理人，直接谋求董事席位；第三，正式提交股东议案或公开批评管理层以寻求改变；第四，威胁发起控制董事会的代理权争夺战，或者起诉管理层违规；第五，直接发起董事会代理权争夺战；第六，以控制目标公司为目的进行起诉；第七，发起收购竞标。在实践过程中，对冲基金可能同时采取多种策略。

（三）海外对冲基金影响目标公司的股东价值创造

从短期市场回报看，学者发现对冲基金股东积极主义带来正向的股价回报。克利福德（Clifford，2008）利用美国样本，在公告日当天发现目标公司获得了3.4%~8.1%的超额收益。贝克特等（Becht et al.，2009）使用欧洲的样本发现，在［-25，+25］的窗口期内目标公司存在6%的超额收益。乌奇达和徐（Ucbida & Xu，2008）在日本也发现，［-2，+2］的窗口期内目标公司存在5.6%的超额收益。从长期回报看，格林伍德和朔尔（Greenwood & Schor，2009）发现，在［-1，+18］的月度窗口期内目标公司存在10%的累积超额收益。博伊森和皮希勒（Boyson & Pichler，2019）发现，如果目标公司在对冲基金介入过程中有所抵抗，则会降低股东价值。

（四）海外对冲基金影响目标公司的实际经营行为

从公司治理的角度看，奉行积极主义的对冲基金在改善目标公司经营绩效、增加股利派发和降低代理成本等方面均发挥了显著作用。

对冲基金介入后，目标公司的资产回报率（ROA）、托宾Q（Tobin's Q）、现金流量和股利支出显著增加，而现金持有量减少（Clifford，2008；Klein et al.，2009；Boyson et al.，2011）。贝克特等（Becht et al.，2009）使用英国的样本后发现，对冲基金介入后，会推动目标上市公司重组和裁员，并带来经营绩效和效率的提高。程等（Cheng et al.，2012）发现，对冲基金介入后，目标上市公司的整体避税程度也会增加，并且这些税务支出的节省来自对冲基金发挥的知情股东监督作用，而不是因为采取具有高风险或违法的避税策略。程等（Cheng et al.，2015）发现，对冲基金作为知情监督者，通过更换首席财务官、调整外部审计师、改善审计委员会独立性，使得目标上市公司的会计稳健性增加。布拉夫等（Brav et al.，2015）使用美国工厂的数据，发现对冲基金通过资源重新配置等手段，使得目标上市公司工厂的生产效率得到提高。阿斯兰和库玛（Aslan & Kumar，2016）研究了对冲基金介入后对目标公司同行业公司的溢出效应。布拉夫等（Brav et al.，2018）发现对冲基金介入后，目标公司的研发创新能力有所提升。

三、海外对冲基金经理的个人属性及其影响

基金经理的投资能力对对冲基金绩效有着十分重要的影响，投资能力较高的基金经理所管理的基金产品绩效，显著高于投资能力相对较差的基金经理所管理的基金产品。目前学术界对于基金经理个人特征的分析，主要集中于三个角度。

（一）海外对冲基金经理的生理特征

针对对冲基金经理的生理特征的描述多集中于年龄以及外表的分析上。目

前大部分的研究发现，基金经理的年龄大小会对基金绩效产生显著影响。阿加沃尔和乔里安（Aggarwal & Jorion，2010）通过实证研究发现，由于较为年轻的对冲基金经理有更为明显的职业野心，会有更强烈的动机扩大其基金的资产管理规模。不仅如此，由于较为年轻的基金经理相较于年长的基金经理有更为充沛的精力，在管理基金时所花费的时间和精力相对来说对提升基金绩效更为有效。与此结论相似，博伊森（Boyson，2010）也发现，年轻的基金经理一般能够取得更好的基金绩效，主要原因可能是其较为独特且不盲从的基金投资策略。与此不同，年长的基金经理普遍会使用较为跟风的基金策略，且不同基金经理之间出现羊群效应的可能性更大，上述原因使其难以取得与年轻基金经理类似的优秀基金绩效。

近年来逐渐有学者对基金经理的外表特征对基金绩效的影响进行分析。帕瑞克和祖克曼（Pareek & Zuckerman，2013）的研究发现，如若基金经理的外表较能引起他人好感，或能够获取信任，其资金流入的情况会明显优于其他基金。这可能是其值得信任的外表能够引起投资者的好感，从而更放心地将资金交由其投资打理。然而，进一步的研究发现，外表值得信任的基金经理的基金表现可能并不尽如人意，值得信任的外表仅能提高基金经理获取资源的能力。陆和麦尔因（Lu & Melvyn，2022）通过分析对冲基金经理的人脸长宽比与睾酮分泌的相关性认为，睾酮越高，雄性激素越多，基金经理高风险行为越多，对未来估计更为乐观。其研究发现“低睾酮组”的基金经理在长期看，其所取得的基金绩效远高于“高睾酮组”。

（二）海外对冲基金经理的个人经历

李等（Li et al.，2011）通过实证研究发现，在美国高考中取得较高分数的对冲基金经理能够取得更为突出的基金回报，不仅如此，对冲基金相较于其他同行，所管理基金产品的整体风险都更低。帕帕格奥吉奥等（Papageorgiou et al.，2015）通过实证研究发现，先前有过对冲基金工作经历的基金经理能够取得更好的基金回报。

近年来，有关对冲基金社会关系网络对基金绩效影响的研究也开始出现。这一领域的研究首先始于对公募基金经理的个体关系及其社会网络的分析：韦斯特法尔和贝德纳（Westphal & Bednar，2008）实证研究发现，公募基金经理与公司管理层存在的社会关系可能会影响其对目标公司的治理效果。库宁（Kuhnen，2009）等学者对上述现象进行了可能的探讨，发现公募基金经理可能会由于和公司高管间存在的社会关系，从而放松对其的监督，并借此获取私有信息以及交易利益。巴特勒和顾润（Butler & Gurun，2012）发现，公募基金经理与管理层之间的校友关系，会使其倾向于在对高管薪酬限制性协议中投反对票。顾等（Gu et al.，2019）则发现，公募基金经理与分析师之间如若存在同事关系，则分析师会对该公募基金重仓持有的上市公司给予更好的推荐评级。帕瑞克（Pareek，2009）通过实证研究发现，如若公募基金之间同时重仓持有同一只股票，则这些基金之间会共享信息，其基金行为以及共同的上市公司都会由此受到联动影响。国内学者肖欣荣等（2012）、李维安等（2017）和郭白滢等（2018）在此基础上采用相同假设，使用中国公募基金数据并以基金重仓股票联结以构建社会关系网络，检验基金信息网络对投资行为传染、极端市场风险、上市公司投资效率、股价崩盘风险和股价同步性等投资行为与公司治理的影响。上述共同基金领域的研究表明，学者已从对个体特征与个体关系的关注，逐渐转移至对基金以及基金经理整体社会关系网络特征的研究探讨。这也为对冲基金的研究提供了方法上的参考（申宇等，2015；Foroughi，2017）。

由于对冲基金公开披露的信息仍旧较为有限，目前学术界对于对冲基金经理个体特征、个体关系以及社会关系网络的分析研究还十分有限。钟和康（Chung & Kang，2016）实证研究发现，共享主经纪商的对冲基金绩效有很强的联动性。何和李（He & Li，2022）发现，对冲基金经理会借助其与目标公司管理层，以及其他相关利益机构之间的校友或同事关系，以促成交易并提升交易绩效。福鲁吉（Foroughi，2017）则发现，对冲基金经理如若处于社交中的核心位置，即与各利益相关方均有着较为紧密的联系，则其所取得的市场关注度更高，且能够与不同投资者保持更为长久的业务联系，基金绩效也相较于同行表现得更好。

（三）海外对冲基金经理的投资偏好

高和黄（Gao & Huang，2016）实证研究发现，对冲基金经理可能会利用政治因素获利，具体说，可能会持有受游说集团影响较大的公司股票，并利用游说集团的政治活动获得基金收益的提升。德沃和西亚斯（De Vault & Sias，2017）同样发现了对冲基金经理与政治之间的关系：一般向自由派进行政治捐赠的基金经理投资风格更为激进，对风险的偏爱程度以及风险承担能力均显著高于其他同行。阿加瓦尔等（Agarwal et al.，2021）研究发现，对冲基金经理可能会通过慈善捐赠建立声誉，以此获取外界的投资资金。然而，在进一步的研究中发现，慈善工作可能会对对冲基金绩效有负面的影响，基金产品绩效可能会在捐款后恶化。阿拉贡和楠达（Aragon & Nanda，2010）的研究发现，如若前一年对冲基金经理所管理产品的净资产值低于同行，则更可能会在下一年中提升对风险的承担能力，并进一步加大基金的风险投资，以此吸引资本流入与提高基金绩效。

四、海外对冲基金的股东积极主义真在创造价值吗

海外对冲基金持股上市公司之后如何行使股东积极主义行为，以及这种影响是否真的为目标公司带来实质意义上的价值增长，对此目前学术界还存在争议。争议的焦点在于这种价值增长是否具有长期性、可持续性，未来需要有更细致的研究加以支撑。

（一）事件窗口的考察

海外研究通常将对冲基金提交 13D 文件当天作为事件日期，并围绕此进行对冲基金是否创造股东价值的实证考察（Brav et al.，2008）。克莱茵和楚尔（Klein & Zur，2009），格林伍德和朔尔（Greenwood & Sehor，2009），克利福德（Clifford，2008），博伊森和穆拉迪安（Boyson & Mooradian，2011）均发现，对冲基金股东积极主义事件的短期市场反应均显著为正，说明市场有对冲基金“增加股东价值”的预期。在此基础上，布拉夫等（Brav et al.，2008）的实证分析发现，对冲基金一般在发布 13D 文件之前便完成了对目标公司股票的购买，而市场对之后发布的 13D 文件仍旧有较为显著的反应，说明对冲基金股东积极主义行为有明显的“广告效应”。

从短期市场反应视角而言，以不同策略实施股东积极主义行为所取得的短期市场反应也不尽相同。格林伍德和朔尔（Greenwood & Sehor，2009）及贝克特等（Becht et al.，2009）均发现，以直接收购为目的进行的对冲基金股东积极主义行为能够取得最为明显的市场反应。而对于以公司治理为目的的股东积极主义行为所取得的市场反应的研究结论并不统一：布拉夫等（Brav et al.，2008）和贝克特等（Becht et al.，2009）均发现此类市场反应接近于 0；博伊森和穆拉迪安（Boyson & Mooradian，2011）则发现，这类股东积极主义行为的市场反应是最为显著的。

从长期市场反应视角而言，布拉夫等（Brav et al.，2008）与克利福德（Clifford，2008）利用日历时间分析法研究发现，对冲基金股东积极主义行为

在长期事件窗口取得了显著正向的 Alpha。这在一定程度上为对冲基金通过股东积极主义行为提升长期公司价值提供了证据。

（二）长期公司价值、运营效率与其他利益相关者的考察

尽管对冲基金股东积极主义能够在事件窗口期内取得显著超额收益，但对于其能否影响公司长期价值还存在诸多争议。别布丘克等（Bebchuk et al.，2015）和布拉夫等（Brav et al.，2015a）发现，公司长期价值与对冲基金股东积极主义之间有正向联系，而布拉顿和瓦赫特（Bratton & Wachter，2010），福克斯和洛尔施（Fox & Lorsch，2012）以及乔治和洛尔施（George & Lorsch，2014）则发现这种联系并不存在。而布拉夫等（Brav et al.，2015b）则通过实证分析发现，尽管对冲基金股东积极主义的目标公司长期公司价值确实有所上升，但这可能只是由于对冲基金具备卓越的选股能力而非其股东积极主义行为发挥了价值提升作用。

（三）实际运营效率与其他利益相关者的考察

从目标公司自身的实际运营效率改变视角而言，布拉夫等（Brav et al.，2015a）实证分析发现，目标公司的生产力在对冲基金干预后显著上升，并且这种上升主要是由对冲基金帮助提升公司现有资产和资金利用效率带来的。

从利益相关者的债权人视角而言，针对对冲基金是否真的增加了公司价值，还是仅将财富从债权人与其他利益相关者身上转移给了股东，造成股东价值上升与公司总体价值上升的假象，已有较多文献对上述问题进行了讨论。克莱茵和楚尔（Klein & Zur，2011）发现，债权人并不能通过对冲基金股东积极主义取得超额收益。相反的，其在 13D 文件公布的窗口期内以及之后的一年内债券收益均为负。阿斯兰和玛拉赫莲（Aslan & Maraachian，2009）则发现，在 13D 文件公布的短期窗口期内，债权人能够获得正向的超额收益。然而其对于在事件后一年的分析结论与克莱茵和楚尔（2011）是一致的。但值得注意的是，阿斯兰和玛拉赫莲（Aslan & Maraachian，2009）的研究发现，只有那些不受严格契约保护与受资本结构变化影响明显的债权人会受到利益损害，大部分债权人都能受益于对冲基金股东积极主义行为带来的公司治理改善（如，加强了对管理层的监督，使债券违约风险下降等）。桑德等（Sunder et al.，2014）以及徐和李（Xu & Li，2010）的研究与上述结论较为相似，他们发现由于对冲基金加强了对公司的监督，公司债务成本显著下降。不仅如此，公司的债券利差、债务契约的条款均会受到对冲基金股东积极主义行为的影响。

从利益相关者的员工视角而言，对于对冲基金如何影响企业雇员，目前的研究多从员工人数、工资等方面展开。布拉夫等（Brav et al.，2008）发现，在对冲基金干预后，管理层变更次数显著上升、薪酬与绩效挂钩更为明显。在针对一般公司雇员时，布拉夫等（Brav et al.，2015a）发现，雇员数量与工作时间显著下降，但雇员工资相对于同业平均水平有所上升。

五、海外对冲基金行使股东积极主义行为的渠道

如前所述，参考布拉夫等（Brav et al.，2008）以及格林伍德和朔尔（Greenwood & Sehor，2009）的研究，对冲基金行使股东积极主义行为可分为五种类型，并且以第一类和第五类居多，也就是说，对冲基金往往以影响公司治理、提升公司价值为进行股东积极主义行为的主要动机。值得注意的是，对冲基金上述行为都需要通过正式的公司治理程序，也即对目标公司进行“刚性治理”而非“柔性治理”。

然而，布拉夫等（Brav et al.，2008）指出，这种“干预”并不是全部内容，在其研究中发现，有近43%的对冲基金股东积极主义行为，是以“与董事会/管理层就一些能够增加股东价值的公司事项进行沟通”为策略，即对冲基金也会进行“沟通”而非“干预”以影响公司治理。除此之外，在不发动代理权之争以及其他正面冲突的前提下争取董事会席位是其第二种选择。在布拉夫等（2008）的研究样本中，发动代理权之争，甚至将公司诉至法庭以争夺控制权等较为激进的行为策略并不多见。这直接证明了对冲基金股东积极主义主张以沟通等较为柔性的方式为策略，直接“干预”并非第一选择。

博伊森和穆拉迪安（Boyson & Mooradian，2011）以及格林伍德和朔尔（Greenwood & Sehor，2009）均发现，对冲基金对目标公司的最大持股比例一般不超过10%。也就是说，对冲基金一般不以取得目标公司控制权为持股目的。与此相反，其在成为目标公司股东的同时也试图争取其他股东的支持，以帮助其实现公司治理、提升公司价值的目标（Brav et al.，2015b），即对冲基金股东不仅与管理层“沟通”，还会与目标公司的其他股东“沟通”。

目前，关于“刚性治理”与“柔性治理”的研究中，有两篇理论模型研究文献极具启发性。莱维特（Levit，2020）建立理论模型发现，在之前的理论研究中，公司治理=直接干预=刚性治理，但其实公司治理还有柔性治理，即“干预”和“沟通”分别代表刚性治理和柔性治理，它们之间是互相替代

而不是互相补充的。“干预”会损害“沟通”（根本原因是“干预”会妨碍委托人把自己的私有信息传递给代理人。更有意思的是，“干预”也在释放委托人的私有信息但成本太高，因此对委托人不好而对代理人好，代理人由于可以预期到这点从而尽量做“大投资”，即便失败也有委托人收场），特别是在委托人“干预”比较容易或者代理人成本比较高时，应该选择“沟通”而不是“干预”。莱维特（Levit，2019）建立理论模型发现，类似对冲基金实施股东积极主义行为的股东，因为他们往往股份不大，所以需要劝说其他股东或者董事会成员接受他们对目标公司的改进。这就需要“柔性治理”，而不是直接“刚性治理”，甚至“用脚投票”。因此，对冲基金和其他股东或者董事会成员的沟通是有助于影响目标公司的。

六、文献述评

海外就对冲基金经理如何影响目标公司的股东价值和治理结构的问题已有较多讨论，但仍有争议（Brav et al.，2015b），而中国私募证券投资基金针对这一问题的研究尚为空白。从现实层面看，中国的私募证券投资基金经理已经通过各种方式影响上市公司运营，更为有趣的是，深圳证券交易所披露的“实地调研”数据，可以让本书从“柔性治理”，“刚性治理”视角，分析对冲基金行使股东积极主义行为的渠道，对海外对冲基金与目标公司治理结构领域的研究有所补充。

第四节　中国特色的实地调研

随着资本市场的快速发展，市场对于公司信息披露的需求日益上升，各类投资者活动的开展也为公司行为与企业价值分析提供了更多的空间。其中，实地调研作为投资者关系管理活动中的重要一环，已经受到越来越多的学者关注，也是极具中国特色的研究话题。源于深圳证券交易所实地调研的信息披露制度，现有实地调研的文献大多从投资者信息挖掘角度展开，如分析师通过实地调研所获取的信息进行盈余预测（Cheng et al.，2016），投资者通过实地调研所获取的信息优势进行交易（Bowen et al.，2017），等等；另有一些文献则从投资者在实地调研中发挥治理效应的角度展开分析，如投资者通过信息披露的治理效应减少管理层自利行为（李昊洋等，2018）。对此，本节将对上述文献进行一次系统性梳理。

一、实地调研的信息挖掘视角

从投资者预期视角而言，傅祥斐等（2019）以深交所上市公司发生的并购交易事件为研究样本，发现机构投资者实地调研能通过向资本市场传递价值信号而提高并购公告的市场反应，并且这种影响在信息披露质量差的公司、非重大资产重组交易中更为显著。程等（Cheng et al.，2019）发现，市场往往对实地调研事件有显著的正面反应，并且这种作用在被调研公司信息质量环境较差、实地调研参与者较多、基金参与调研、调研问答涉及会计与财务信息，以及被调研企业所属行业为制造业的样本中更为显著。上述文献表明，投资者对于实地调研事件均有一个较为正面的预期。

信息披露是目前大部分文献选择的对实地调研展开分析的视角。逯东等（2019）发现，财务报告可读性是机构投资者实地调研的主要动因之一，可读性越差，投资者实地调研的频率和可能性越高。不仅如此，该研究还发现，投资者实地调研对公司信息披露效率具有“让清者更清，让浊者愈浊”的互补效应，即投资者实地调研仅在财务报告可读性较高时带来信息披露质量的提升，其在可读性较低时反而会进一步加剧信息不对称问题。张勇（2018）考察了投资者实地调研对上市公司信息披露行为的治理功能，发现投资者对企业的实地调研能够减少管理层操纵会计政策的可能性，并显著提升其会计信息可比性水平，这种影响随着调研频度、广度和深度的提高而更为显著。卜君和孙光国（2020）发现，机构投资者能够通过实地调研降低公司信息不对称程度，而增加公司违规成本和违规风险，以此对公司违规行为产生抑制作用。不仅如此，机构投资者也能够通过实地调研对公司以及其内部人进行监督与约束，从而进一步压缩公司违规空间与抑制其违规动机。投资者调研信息的实时公布也能够显著缩短违规行为被稽查的时间。江和袁（Jiang & Yuan，2018）发现，机构投资者实地调研能够显著提升上市公司的创新水平，主要是由于实地调研在降低投资者与公司信息不对称程度的同时，使得投资者对公司进行长期投资的收益不确定性的容忍度上升、融资约束降低。董永琦和宋光辉（2018）发现，共同基金实地调研并未挖掘到被调研公司的负面信息，反而会造成一种乐观误判，导致被调研公司的负面信息进一步被隐藏。这种影响在牛市状态下和基金公司单独调研时更为显著。

二、实地调研的外部监督视角

部分学者从影响公司治理的角度对实地调研展开分析，具体是指外部监督，而非“沟通”。

从理论研究视角而言，谭劲松和林雨晨（2016）通过构建机构投资者治理影响信息披露质量的理论模型，验证了机构投资者实地调研是其参与公司治理的重要方式之一，对公司信息披露有着积极的治理效应。

从实证研究视角而言，李昊洋等（2018）发现，机构投资者在实地调研中能够利用自身专业优势发现并一定程度上抑制管理层避税的自利行为，不仅如此，机构投资者调研行为也可视为对公司内部人的监督而提升公司信息披露水平，从而减少公司避税行为。潘俊等（2019）也发现，机构投资者实地调研作为一种重要的外部监督治理机制，能够通过降低被调研公司的信息不对称程度而减少企业避税行为。王珊（2017）通过实证分析发现，投资者实地调研发挥了积极的外部监督治理作用，上市公司的盈余管理程度会随着投资者实地调研次数、调研机构数量和人员数量的增加而降低。上述影响在信息环境较差以及高声誉机构的样本中更为显著。曹等（Cao et al.，2020）将实地调研看作投资者的治理方式，研究发现投资者能够通过实地调研中与管理层的沟通发挥外部治理作用，从而影响公司的股利政策。高等（Gao et al.，2022）实证分析发现，机构投资者实地调研时管理层会选择性地披露信息，会带来公司股价崩盘风险的上升。上述影响在公司管理层有更强地隐藏坏消息的自利动机、缺乏信息披露监督以及信息不对称问题严重的公司中更为明显。杨等（Yang et al.，2020a）则发现，机构投资者实地调研上市公司能够使公司的信息质量得到改善，并且可以通过调研发挥外部监督作用以降低公司的股价崩盘风险。

然而，值得讨论的是，实地调研并非一种通过行使公司治理流程的正式“干预”，而是一种与目标公司管理层非正式的“沟通”，其为何之后会对管理层形成实质上的“外部监督”需要更多的研究，特别是经验证据的讨论和影响机制的具体分析。

三、实地调研的主体多元化

从分析师实地调研的视角出发，曹新伟等（2015）发现，分析师实地调研可以通过促进公司特有信息融入股价而提升资本市场信息效率，实地调研强度越大，公司的股价同步性越低，这种影响在信息披露质量较差与研发投入较大的上市公司中作用更明显。肖斌卿等（2017）通过研究分析师实地调研报告以及其评级调整，发现分析师实地调研后，其推荐标的公司的相对行业与相对大盘的超额收益率均显著为正，表明上市公司实地调研确实具备一定的投资决策价值。谭松涛和崔小勇（2015）研究发现，由于实地调研中上市公司一般会使用具有倾向性且较为乐观的词汇与来访者沟通，分析师可能会受管理层的乐观情绪影响，而使得其对公司未来盈利预测的精度显著降低、预测的乐观度显著上升，上述影响随着上市公司被调研次数的增加而更为显著。然而，当给定公司被调研次数，实地调研也可以在上市公司透明度低的情况下改进分析师预测精度。唐松莲和陈伟（2017）研究发现，关联证券分析师参与实地调研会产生利益结盟，从而使得其盈余预测准确度下降、盈余预测乐观度上升和发布评级下降。肖欣荣和马梦璇（2019）实证分析了买方对于卖方证券分析师行业信息精度的影响，研究发现，买方进行的实地调研能够促进信息传递，从而对卖方分析师产生“信息共享”效应。

但实地调研带来的信息有效性会被买卖双方由佣金关系带来的“利益冲突”所削弱。程等（Cheng et al.，2016）研究发现，分析师实地调研上市公司能够显著提升其盈余预测的精度。韩等（Han et al.，2018）的研究也发现，分析师实地调研上市公司能够显著提升其盈余预测的精度，并且分析师与管理层的私人互动能够为分析师带来信息优势。杨等（Yang et al.，2020b）基于深圳证券交易所 2012 年 7 月对实地调研披露要求进行重大变革的准自然实验，研究发现，及时披露调研细节有助于将调研者私有的信息公开化，提升未参与调研分析师的盈余预测精度，改善分析师之间的信息不对称水平，削弱参与调研分析师的相对信息优势，使得其调研活动集中于那些能赋予其更多私有信息的公司中，造成其他公司的市场信息总量下降，对其造成“信息冷却效应”。许汝俊和袁天荣（2018）从审计师感知分析师行为的角度出发，发现审计投入对分析师调研行为并不敏感，但基于声誉压力机制，审计师会更为关注调研后较短期间发布盈余预测的分析师行为。

从机构投资者实地调研的视角出发，博文等（Bowen et al.，2017）发现，公司内部人能够通过实地调研事件获取信息优势并且借此交易获利。在对调研问答内容进行文本分析后，他们发现文本的语调越积极，被调研公司长期绩效表现越好。孔东民等（2015）发现，共同基金更倾向于实地调研其已持股、公司规模大、盈余质量较高，以及投资者关注度较高的股票。同时，其研究发现，共同基金通过实地调研获得了信息优势，随后的交易行为也受到显著影响。刘等（Liu et al.，2017）通过分析共同基金实地调研上市公司的样本发现，共同基金确实能够通过实地调研获取信息优势，并且会借此决定交易行为。洪等（Hong，2019）使用了对冲基金实地调研的数据，研究发现，对冲基金能够通过实地调研上市公司获得信息优势，从而取得更好的基金绩效表现。上述影响在被调研公司受分析师跟踪更少以及调研中对冲基金提问更多的样本中更为显著。

四、文献述评

海内外已有实地调研的文献多从信息挖掘和外部监督的视角出发，本书从私募证券投资基金与目标公司管理层“沟通”的视角出发，研究这种非正式的柔性公司治理方式能否传递信息和具有价值，对公司治理领域的“柔性治理”相关文献有所贡献（Levit，2019，2020）。

第三章　中国特定制度背景下的私募证券投资基金市场

本章结合中国金融市场改革开放的发展历程，详细分析中国私募证券投资基金市场的形成背景与特点，并与海外对冲基金市场加以比较。本章包括六个部分：中国私募证券投资基金市场发展现状，中国私募证券投资基金投资策略与产品绩效特征，中国私募证券投资基金经理的个人特征，中国私募证券投资基金公司的治理结构特征，中国私募证券投资基金监管法规演变历程。

第一节　中国私募证券投资基金市场发展现状

在海外金融市场，对冲基金（对应于中国的私募证券投资基金）因其灵活的投资策略与风险管理模式，已被视为与共同基金（对应于中国的公募基金）同样重要的一类机构投资者。2010 年 4 月 16 日，中国金融期货交易所正式推出沪深 300 指数期货，使得投资者在融资融券之外拥有了覆盖面更广、更加灵活的风险对冲工具，也标志着中国对冲基金的诞生成为可能（陈道轮等，2014）。伴随着中国股票市场 2014 年起步的新一轮“牛市”和后续的市场异常波动，投资者对于风险管理产品的需求大幅提升，中国私募证券投资基金迎来井喷式增长，目前在资产管理规模、日均交易量等方面与公募基金平分秋色，在资产管理能力方面与公募基金势均力敌；但私募证券投资基金的行为模式与公募基金的行为模式相比，是一类新的、截然不同的机构投资者（Brav et al.，2015b；赵羲等，2018）。

一、中国私募证券投资基金行业的资产管理规模

2014 年，中国金融市场实行了私募证券投资基金管理人登记和基金备

案制度①，其中最重要的改革就是承认了私募证券投资基金的资产管理属性，可以自主开展资产管理业务。自此，中国的私募证券投资基金行业迎来了快速发展到平稳发展的演进过程。如图 3. 1 所示，2015 年、2016 年为私募证券投资基金行业快速发展阶段，2015 年规模增长 1. 27 万亿元，达到 1. 73 万亿元；2016 年规模增长 0. 82 万亿元，达到 2. 55 万亿元；2017 年以来私募证券投资基金行业发展整体趋缓，除 2018 年受股票市场下跌影响出现规模有所下降外，其他年份私募证券投资基金行业规模整体保持稳定。

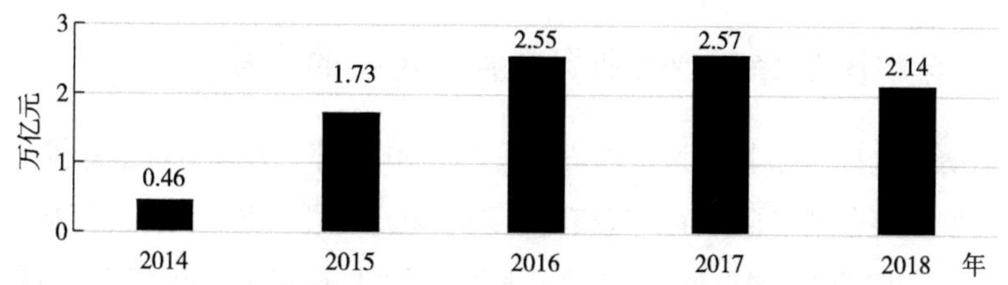

图 3. 1　2014—2018 年中国私募证券投资基金行业规模

数据来源：中国证券投资基金业协会。

从不同管理方式看②，如图 3. 2 所示，大部分私募证券投资基金行业的规模增长是由自主发行类基金贡献的，由 2015 年末的 0. 95 万亿元升至 2018 年末的 1. 57 万亿元，增幅为 65. 26%。这主要是由于基金备案制度的推行，使得备案后的私募证券投资基金不用再借助信托、券商、基金的产品通道，而可以通过独立合法的法律地位自主发行产品。在行业整体规模发展的环境下，顾问管理类基金规模的下降主要体现了 2018 年 4 月《关于规范金融机构资产管理业务的指导意见》③ 实施以来，通道类业务收缩带来的影响。

① http：//www. csrc. gov. cn/pub/gansu/xxfw/gfxwj/201411/t20141111_263198. htm.

② 中国私募证券投资基金根据管理方式不同，可分为受托管理、自我管理和顾问管理。其中，受托管理和自我管理的基金统一称为自主发行类基金，主要为私募管理人设立的契约型私募证券投资基金；顾问管理类基金主要为基金管理公司、证券公司、信托公司、保险资产管理公司等金融机构设立，私募管理人作为投资顾问提供投资建议的资产管理计划或投资计划产品。

③ http：//www. pbc. gov. cn/tiaofasi/144941/3581332/3730258/index. html.

图 3.2　不同管理方式的中国私募证券投资基金规模

数据来源：中国证券投资基金业协会。

二、与中国公募基金行业资产管理规模的比较

与公募基金以货币基金为主的资产管理结构不同，中国私募证券投资基金整体以股票型和混合型基金为主，规模受股票市场波动影响更大，与公募基金中的权益类基金（“股票型+混合型”基金）对比分析更具有意义，也说明中国私募证券投资基金的投资行为势必会对以上市公司为代表的权益类资产产生重要影响。

如图 3.3 所示，自 2016 年第四季度以来，私募证券投资基金行业资产管理规模与公募基金行业中的权益类基金的资产管理规模较为接近，两者在变化趋势上也较为一致。截至 2018 年末，公募基金行业中的权益类基金资产管理规模为 2.18 万亿元，仅高出私募证券基金行业资产管理规模 0.04 万亿元。因此，从资产管理规模的视角而言，私募证券投资基金已经和公募基金旗鼓相当。

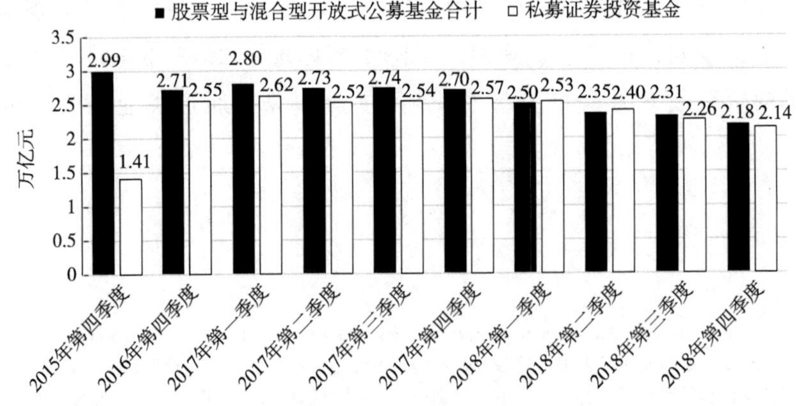

图 3.3　中国私募证券投资基金与“股票型+混合型”开放式公募基金规模比较

数据来源：中国证券投资基金业协会。

三、与中国其他类型私募基金行业资产管理规模的比较

在中国金融市场，私募基金包括四大类：私募证券投资基金（对应海外对冲基金）、私募股权、创业投资基金（对应海外 PE/VC）和私募资产配置类基金（对应海外 FOF）。

如图 3.4 所示，自 2015 年第四季度以来，中国私募基金行业整体资产管理规模持续保持增长趋势，自 2015 年末的 3.84 万亿元增长至 2018 年末的 12.71 万亿元，增幅为 230.99%。其中，私募证券投资基金行业的资产管理规模自 2015 年末的 1.41 万亿元增长至 2018 年末的 2.14 万亿元，增幅为 51.77%。私募股权行业和创业投资基金行业的资产管理规模自 2015 年末的 1.94 万亿元增长至 2018 年末的 8.71 万亿元，增幅为 348.97%。

私募资产配置类基金作为 2019 年才正式诞生的一种新的私募基金类型，仍处于市场培育期，未来将会迎来较大增长。

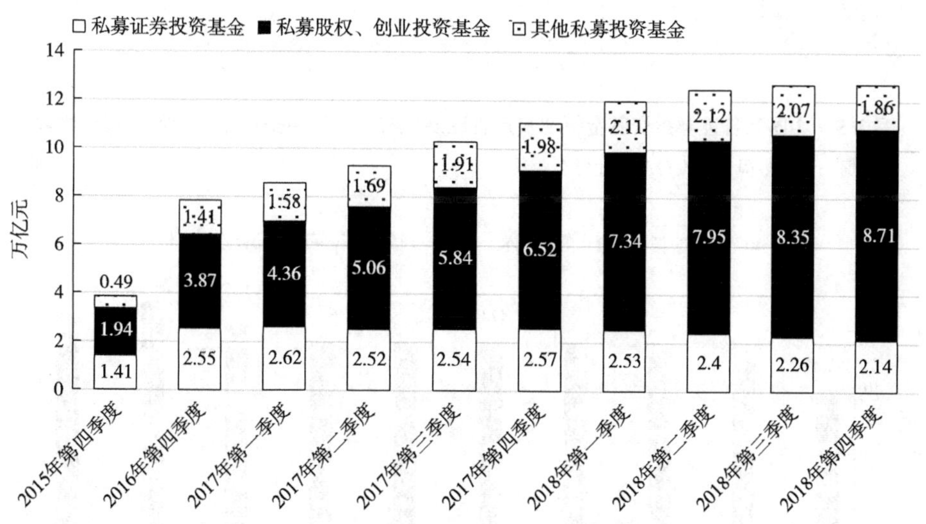

图 3.4　不同类型中国私募基金的规模情况

数据来源：中国证券投资基金业协会。

四、与美国对冲基金行业资产管理规模的比较

如图 3.5、图 3.6 所示，在考虑汇率因素之后，2015 年末至 2018 年末，美国对冲基金行业的净资产管理规模（以人民币计价）从 22.45 万亿元增长至

26.04 万亿元，总资产管理规模（以人民币计价）从 39.42 万亿元增长至 52.11 万亿元，增长幅度分别是 15.99%和 32.19%。而中国私募证券投资基金行业资产管理规模并不区分是总资产还是净资产，自 2015 年末至 2018 年末，中国私募证券投资基金行业的资产管理规模从 1.41 万亿元增长至 2.14 万亿元，增长幅度是 51.77%。

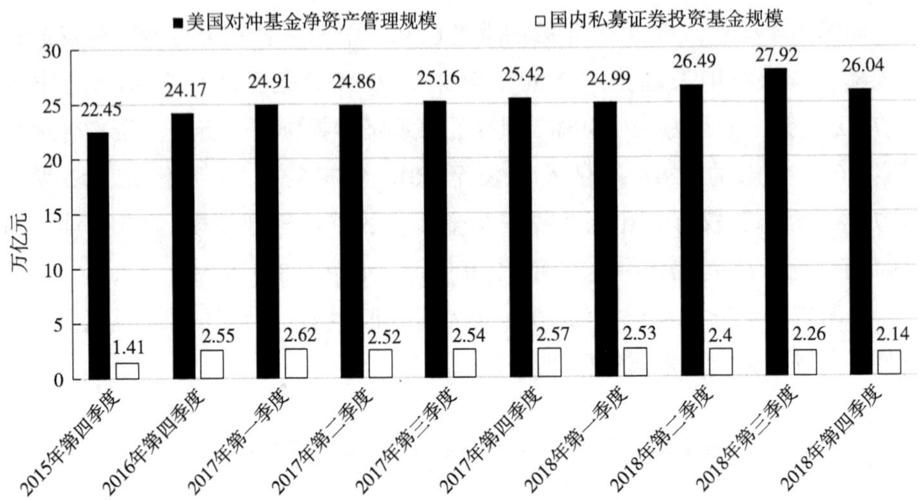

图 3.5　中国私募证券投资基金行业资产管理规模与美国对冲基金净资产管理规模比较

数据来源：中国证券投资基金业协会。

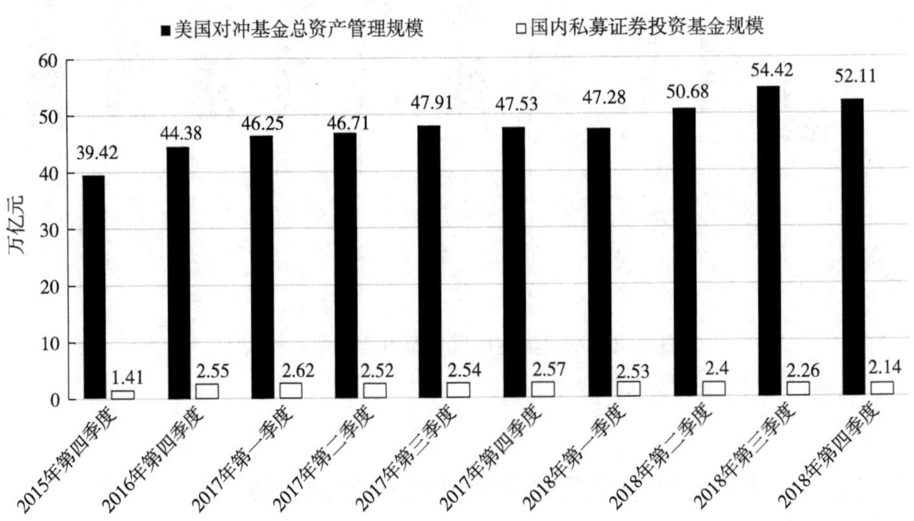

图 3.6　中国私募证券投资基金行业资产管理规模与美国对冲基金总资产管理规模比较

数据来源：中国证券投资基金业协会。

综合看，无论是总资产还是净资产，中国私募证券投资基金行业资产管理规模的整体增长速度快于美国对冲基金行业，但两者在资产管理规模大小上仍旧有着不小的差距。相较于美国对冲基金行业，中国私募证券投资基金行业仍处于发展初期。

第二节　中国私募证券投资基金投资策略与产品绩效特征

在中国金融市场，私募证券投资基金的主要投资策略是股票策略，因此私募证券投资基金的投资行为对以上市公司为代表的权益类市场的影响最大。

一、中国私募证券投资基金投资策略的特征

中国私募证券投资基金的投资策略主要可分为几大类（见图 3.7）：股票策略、债券策略、市场中性策略、管理期货策略、宏观对冲策略、多策略、事件驱动、FOF/MOM 以及套利策略。其中，股票策略占比最大，为 59.48%；其次使用较多的为债券策略（13.11%）、多策略（8.74%）。公募基金按投资类型可分为股票型、混合型、债券型、货币型，对应的投资策略主要为股票策略和债券策略，少量为股票市场中性策略、事件驱动、多策略等，而管理期货、宏观策略、套利策略等在国内公募基金中较为缺乏。

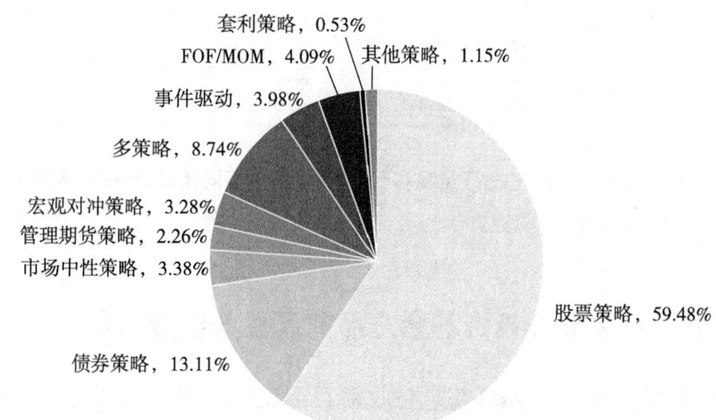

图 3.7　中国私募证券投资基金（自主发行类）不同策略类产品规模分布

数据来源：中国证券投资基金业协会，截至 2019 年 12 月。

在其他相同的策略类型上，私募证券投资基金运用的细分策略也较公募基金更为丰富。比如，在股票策略上，公募基金运用股指期货进行对冲的比例非常有限，私募证券投资基金则可以灵活使用股指期货进行对冲；在市场中性策略上，公募基金往往采用低频交易策略，而私募证券投资基金综合运用低频交易策略和高频交易策略；在多策略中，公募基金较多采用的是股票策略与债券策略的混合，而私募证券投资基金采用的是多种策略的混合，包括股票策略、债券策略、股票市场中性策略、管理期货策略等。

如图 3.8 所示，在 2019 年自主发行类私募证券投资基金中，股票策略居于绝对的主导地位，不仅是获得资金流入最多的策略，也是贡献最大的基金策略。进一步说，正是由于股票策略背后带来的巨大利益空间，基金在策略布局上更会倾向于积极配置。这在很大程度上推动了中国私募证券投资在权益类市场的份额上升，并进一步扩大了其对所投资公司的影响力。

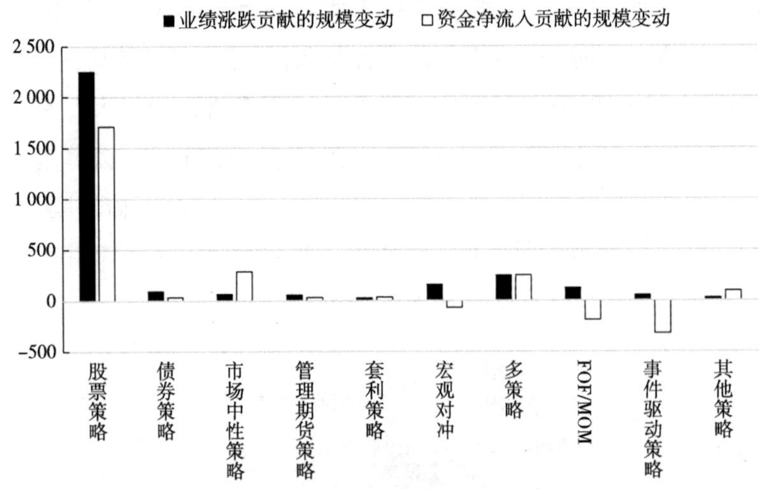

图 3.8　2019 年自主发行类私募证券投资基金不同策略产品规模变动

数据来源：中国证券投资基金业协会。

二、中国私募证券投资基金产品的属性与绩效特征

私募证券投资基金与公募基金在收益目标定位上具有明显差异。公募基金多数以追求相对收益为目标，而私募证券投资基金多数以追求绝对收益为目标。由于收益目标定位的差异，两者在投资范围和投资限制、策略运用、产品设计等方面均存在差异。

从私募证券投资基金产品的属性特征看，如表 3.1 所示，基金产品平均年龄为 37.154 个月，56.4%的基金产品采用高水位法提取绩效报酬，管理费用和业绩分成均值为 1.2%和 16.8%，产品锁定期的平均值为 3.869 个月，赎回期的平均值为 1.949 个月。

表 3.1　私募证券投资基金产品特征的描述性统计

私募证券投资基金产品特征	均值	标准差	25%分位点	中位数	75%分位点
基金年龄（月）	37.154	23.616	24.000	27.000	39.000
高水位线	0.564	0.496	0.000	1.000	1.000
业绩分成	0.168	0.084	0.200	0.200	0.200
基金锁定期（月）	3.869	4.351	0.000	3.000	6.000
基金管理费用	0.012	0.009	0.002	0.015	0.020
基金赎回频率（月）	1.949	1.391	1.000	1.000	3.000

以股票策略为例，表 3.2 报告了全样本中不同策略的基金产品分布以及绩效。从表 3.2 中可以得出：在全样本期，股票型私募证券投资基金产品年化收益率均值和中位数分别为 8%和 6.4%，超额年化收益率均值和中位数为 3.9%和 2.4%，说明中国私募证券投资基金经理的个人能力能够带来超过市场基准的正收益，年化标准差的均值和中位数分别为 21.2%和 20.5%，调整风险后的年化夏普比率均值和中位数为 8.7%和 14.9%。股票策略又可细分为股票多头、股票多空和市场中性三个子策略，其中股票多头占比最大，达到76%，股票多空和市场中性策略占比各为 12%左右。在子策略中，股票多头策略的绩效优于其他策略，超额年化收益率均值和中位数为 4.4%和 3.1%。

表 3.2　股票全样本及其子策略基金产品绩效描述性统计

投资策略	样本数	百分比（%）	年化收益（Raw Return）		超额年化收益（Alpha）		年化标准差（Total Risk）		年化夏普比率（Sharpe Ratio）	
			均值	中位数	均值	中位数	均值	中位数	均值	中位数
股票策略	4 388	100	0.080	0.064	0.039	0.024	0.212	0.205	0.087	0.149
股票多头策略	3 335	76.00	0.081	0.068	0.044	0.031	0.234	0.223	0.075	0.131
股票多空策略	515	11.74	0.085	0.062	0.031	0.022	0.187	0.181	0.096	0.193
市场中性策略	538	12.26	0.074	0.052	0.018	0.005	0.099	0.079	0.152	0.175

第三节　中国私募证券投资基金经理的个人特征

基金经理作为私募证券投资基金的灵魂人物，其个人特征也被证明对基金投资行为有显著影响（艾洪德和刘聪，2008；Li et al.，2020；Papageorgiou et al.，2015）。

一、中国私募证券投资基金经理学历情况

在私募证券投资基金行业中，60%以上的基金经理拥有研究生学历（博士或硕士），仅有1.45%的基金经理是本科及以下学历。使用股票策略的基金经理学历与全策略样本分布基本一致，在使用市场中性策略的基金经理样本中，博士学历的基金经理占比最高，达到16.02%，且皆为本科及以上学历，说明私募证券投资基金的基金经理一般具有较为突出的专业能力，也为其与管理层进行有价值的“沟通”提供了现实基础（见表3.3）。

表3.3　中国私募证券投资基金经理的学历分布情况

学历分布	全策略样本		股票策略		股票多头		市场中性		股票多空	
	人数	比例（%）	人数	比例（%）	人数	比例（%）	人数	比例（%）	人数	比例（%）
博士	138	8.32	112	8.41	92	7.80	29	16.02	26	13.98
硕士	869	52.38	699	52.52	616	52.25	100	55.25	105	56.45
本科	628	37.85	500	37.57	451	38.25	52	28.73	54	29.03
本科以下	24	1.45	20	1.50	20	1.70	0	0.00	1	0.54
总计	1 659	100	1 331	100	1 179	100	181	100	186	100

注：①本书搜集的基金经理简历中有1 659份包含学历信息。

②基金产品策略包括股票策略、债券策略、管理期货策略等一级策略，其中股票策略占比超过60%；股票策略中包括股票多头策略、市场中性策略和股票多空策略三个二级策略（赵羲等，2018），样本中存在一个基金经理管理多只（可能不同策略）基金产品的情况。

二、中国私募证券投资基金经理专业背景

基金经理的学科背景会对基金产品绩效产生显著的影响。在中国私募证券

投资基金行业中，基金经理的学科背景表现出明显的专业倾向，高达87.43%的基金经理来自经济管理类专业。此外，拥有理工科背景的基金经理不在少数，接近60%的基金经理有理工科的专业背景；以股票型为例，这一比例在股票多头策略中有所下降，但在股票多空和市场中性策略中均保持较高的占比（见表3.4）。

表3.4 中国私募证券投资基金经理的专业分布情况

专业背景	全策略样本		股票策略		股票多头		市场中性		股票多空	
	人数	比例（%）	人数	比例（%）	人数	比例（%）	人数	比例（%）	人数	比例（%）
经管类	765	87.43	612	86.56	539	87.93	87	77.68	100	90.91
非经管类	110	12.57	95	13.44	74	12.07	25	22.32	10	9.09
总计	875	100	707	100	613	100	112	100	110	100
理工类	290	57.43	236	59.00	184	54.76	63	87.50	39	66.10
非理工类	215	42.57	164	41.00	152	45.24	9	12.50	20	33.90
总计	505	100	400	100	336	100	72	100	59	100
复合背景	120	27.91	96	28.07	77	26.46	24	42.11	19	38.78
非复合背景	310	72.09	246	71.93	214	73.54	33	57.89	30	61.22
总计	430	100	342	100	291	100	57	100	49	100

注：本书搜集的基金经理简历中有952份包含专业背景信息。

三、中国私募证券投资基金经理校友集聚效应

基于共同的学校背景，同校的基金经理形成校友关系，对基金产品绩效产生显著影响（Li et al.，2020）。样本中包括309所国内外高校，涵盖了基金经理本科、硕士、博士以及博士后学历阶段。本书对样本中基金经理的学校背景进行梳理后发现，基金经理多来自清华大学、北京大学、复旦大学、交通大学、人民大学、浙江大学、南开大学等国内顶尖学府，以及上海财经大学、中央财经大学等优秀财经类院校（见表3.5）。

表 3.5　中国私募证券投资基金经理主要就读高校分布情况

学校	人数	频率占比（%）	人数占比（%）
北京大学	98	7.54	9.99
清华大学	91	7.01	9.28
复旦大学	74	5.70	7.54
上海交通大学	67	5.16	6.83
上海财经大学	58	4.46	5.91
中国人民大学	55	4.23	5.61
浙江大学	36	2.77	3.67
中山大学	31	2.39	3.16
武汉大学	28	2.16	2.85
中欧国际工商学院	28	2.16	2.85
南开大学	27	2.08	2.75
中国科学技术大学	23	1.77	2.34
厦门大学	21	1.62	2.14
南京大学	20	1.54	2.04
中央财经大学	18	1.39	1.83
西南财经大学	17	1.31	1.73
中南财经政法大学	15	1.15	1.53
暨南大学	15	1.15	1.53
西安交通大学	14	1.08	1.43
对外经济贸易大学	13	1.00	1.33
……	—	—	—
合计	981/1 299	100	100

注：本书搜集的基金经理简历中有 981 份包含学校信息，产生 1 299 个“基金经理—学校”的配对样本；频率占比为就读某高校人数占配对样本比例，人数占比为就读某高校人数占基金经理人数比例。

四、中国私募证券投资基金经理同事集聚效应

基于共同的工作背景，尤其是大型金融机构，基金经理形成同事关系，会对基金产品绩效产生显著影响（Li et al.，2020）。样本中包括 2 250 家公司，形成了以大型券商为主的同事关系网络（见表 3.6）。

表 3.6　中国私募证券投资基金经理主要就职公司分布情况

公司	人数	频率占比（%）	人数占比（%）
国泰君安	40	1.23	4.09
华夏基金	27	0.83	2.76
国信证券	24	0.74	2.45
光大证券	24	0.74	2.45
招商证券	24	0.74	2.45
申银万国	20	0.61	2.04
华泰联合证券	18	0.55	1.84
广发证券	18	0.55	1.84
中信建投	17	0.52	1.74
安信证券	17	0.52	1.74
博时基金	17	0.52	1.74
中泰证券	15	0.46	1.53
南方证券	15	0.46	1.53
中信证券	15	0.46	1.53
平安证券	13	0.40	1.33
嘉实基金	13	0.40	1.33
海通证券	13	0.40	1.33
融通基金	12	0.37	1.23
中金公司	12	0.37	1.23
银河证券	12	0.37	1.23
……	—	—	—
合计	979/3 264	100	100

注：本书搜集的基金经理简历中有 979 份包含就职公司信息，产生 3 264 个“基金经理—公司”的配对样本；频率占比为就职某公司人数占配对样本比例，人数占比为就职某公司人数占基金经理人数比例。

五、中国私募证券投资基金经理从业经历

本书对样本中基金经理的从业经历进行梳理后发现，在从事过的所有行业中，除去私募基金行业本身，基金经理从事过最多的行业是证券行业，有将近一半的基金经理从事过相关工作。1/5 左右的私募证券投资基金经理从事过公

募基金行业，然而，从配对样本占比看，这个数字仅为7.62%（见表3.7），表明私募证券投资基金和公募基金在管理模式、激励机制、面临监管限制等方面存在显著差异。

表3.7　中国私募证券投资基金经理的从业经历分布情况

行业类型	样本数（基金经理）	频率占比（%）	人数占比（%）
私募基金	708	31.56	91.59
公募基金	171	7.62	22.12
金融业（除私募、公募基金之外）：			
—货币金融服务	89	3.97	11.51
—资本市场服务	543		
证券市场	377	16.81	48.77
期货市场	59	2.63	7.63
证券期货监管	10	0.45	1.29
其他资本市场服务	97	4.32	12.55
—保险业	22	0.98	2.85
—其他金融业	239		
金融信托与管理	67	2.99	8.67
控股公司	32	1.43	4.14
金融信息	115	5.13	14.88
其他未列明金融业	25	1.11	3.23
实业资本集团	42	1.87	5.43
其他行业	429		
—信息传输、软件和信息技术服务业	71	3.17	9.18
—文化、体育和娱乐业	32	1.43	4.14
—教育	21	0.94	2.72
—其他	305	13.60	39.46
总计	773/2 243	100	—

注：本书搜集的基金经理简历中有773份包含就职行业信息，产生2 243个“基金经理—行业”配对样本；频率占比为就职某行业人数占配对样本比例，人数占比为就职某行业人数占基金经理人数比例。

六、中国私募证券投资基金经理职位经历

类似行业经验，私募证券投资基金经理之前的职位经历会影响到基金投资行为（Papageorgiou et al.，2015），在中国的私募证券投资基金行业，基金经理之前大部分都是从事研究分析和投资交易与基金管理直接相关的专业技术岗位，说明私募证券投资基金的基金经理一般具有较为专业的背景，能够为管理层进行有价值的“沟通”提供现实基础（见表 3.8）。

表 3.8 中国私募证券投资基金经理的职位经历分布情况

职位类型	具体岗位	样本数（基金经理）	频率占比（%）	人数占比（%）
研究分析	行业研究员、量化研究员等	541	16.63	36.11
投资交易	交易员、基金经理等	1 032	31.72	68.89
风险管理	风险控制、内部控制等	47	1.44	3.14
行政管理	总经理助理、董事长助理、公务员等	752	23.12	50.20
技术支持	IT 工程师、网络运维等	77	2.37	5.14
财务会计	注册会计师、内部审计等	65	2.00	4.34
销售渠道	销售经理、渠道经理等	254	7.81	16.96
其他	财经记者、教授、家庭主妇、编辑、医生等	485	14.91	32.38
总计		1 498/3 253	100.00	—

注：本书搜集的基金经理简历中有 1 498 份包含就职职位信息，产生 3 253 个“基金经理—职位”配对样本；频率占比为就职某职位人数占配对样本比例，人数占比为就职某职位人数占基金经理人数比例。

第四节 中国私募证券投资基金公司的治理结构特征

囿于海外对冲基金公司信息披露不完全，对冲基金研究仅限于绩效层面，未深入到基金公司治理结构。中国私募证券投资基金虽然刚刚起步，却有着一定的后发优势，完善的基金公司治理结构数据，为理解私募证券投资基金公司的治理结构提供了新的机遇。

一、中国私募证券投资基金公司的组织结构

中国私募证券投资基金的组织结构分为有限责任公司、股份有限公司和合伙公司。基金公司的发起人和股东以个人为主，风险承担能力较弱，绝大多数只承担有限责任，缺少机构投资者作为股东的参与和监督。具体而言，在私募证券投资基金公司中，97.48%是有限责任公司，仅有1.18%是合伙公司（李路等，2019）；而海外对冲基金大多采用有限合伙制，即普通合伙人需承担无限连带责任。这就意味着中国私募证券投资基金公司的风险相对更大，因为有限责任的组织结构将风险转移给了投资者。同时，中国私募证券投资基金公司的个人股东持股比例占80%以上，而海外对冲基金的机构投资者持股比例较高，机构投资者作为股东往往可以发挥监督作用。

导致海外对冲基金和中国私募证券投资基金公司组织结构差异的原因有如下四点：

第一，发展阶段不同。中国私募证券投资基金起步晚、配套法律法规不完善，目前仍属于探索期，发起人选择有限责任降低风险，机构投资者出于审慎投资的目的处于观望状态。

第二，起源的历史背景不同。美国对冲基金起源于1949年，由美国学者琼斯创建，采用的是多空策略；囿于大部分共同基金（对于中国的公募基金）只能持有多头头寸，其组织结构无法满足这种新型投资战略；为了筹措资金，琼斯创新性地采用了合伙制，使后期的对冲基金在组织形式上纷纷效仿。

第三，税收问题。由于海外对冲基金有限合伙制不存在一般公司双重课税的问题，所以更加受到青睐。

第四，绩效持续性。在经历了几轮完整的牛熊市周期后，海外对冲基金的资金管理能力大幅提升，能够为机构投资者提供更加高质量和定制化的服务，提升了机构投资者作为股东参与和监督的积极性。

二、中国私募证券投资基金公司的股权结构

根据李路等（2019）的研究，中国私募证券投资基金公司的第一大股东平均持股比例为71.61%，股东数量平均为3.21人，且1人股东（独资企业）约占

16.44%，平均赫芬达尔—赫希曼指数①为0.64，平均Z指数（第一大股东/第二大股东持股比例）② 为26.42。总体看，私募证券投资基金公司中自然人独资、控股的公司占绝大多数，所有权高度统一。由于股权集中，加之发起人普遍只承担有限责任，往往会导致公司治理制衡机制的“失灵”。结合中国证券投资基金业协会公开披露的数据，研究发现，私募证券投资基金公司的股权越集中，其发行的基金产品绩效越好，但同时基金产品的风险也随之上升，基金公司失联的可能性也随之增加，正所谓股权集中既是收益的来源，又是风险的根源。

三、中国私募证券投资基金公司的“一人模式”

中国私募证券投资基金公司的人员任职呈现高度重叠的现象。第一大股东和公司实际控制人基本重叠，其中63.19%的实际控制人同时担任企业的法定代表人。私募证券投资基金的第一大股东常担任公司的董事、监事和高管；将近40%的第一大股东在高管任职，直接参与公司日常经营和投资活动（李路等，2019）。这说明私募证券投资基金公司的运营基本上围绕着少数几个或一个核心人物开展，并且很多情况下核心人物就是该基金公司的创始基金经理。这就使得基金公司自身治理机制的制衡作用降低，整个公司等同于一个创始基金经理。

“一人模式”过多是中国私募证券投资基金行业发展初期不够成熟的表现。海外对冲基金发展初期也是由核心基金经理发起，后随着基金规模的壮大以及风险责任意识的加强（重要原因是普通合伙人需要承担无限连带责任），创始人开始集聚市场上其他更多表现卓著的基金经理共同运营公司，形成了股权分散的治理结构。因此，在市场发展初期，中国私募证券投资基金公司采取个人发起方式属于正常现象。但同时也需要注意，中国私募证券基金产品数量接近海外对冲基金的2倍，但是产品规模却只有海外市场的1/16（赵羲等，2018），说明私募证券投资基金产品的发行带有“试错”和“广告”意味：一家公司同时发行多个产品，而最终管理这些产品的基金经理都是同一人，这样会分散基金经理的精力，进而影响投资绩效。

---

① 赫芬达尔—赫希曼指数（HHI指数）指各股东所持份额百分比的平方和，用来计量股东份额的变化，即股权离散度。其兼有绝对集中度和相对集中度指标的优点，并避免了它们的缺点。HHI数值小于0.1为极度分散型；数值在0.1~0.28为相对集中型；数值大于0.28为高度集中型。

② Z指数等于第一大股东与第二大股东持股比例的比值，Z指数越大，第一大股东与第二大股东的力量差异越大，第一大股东的优势越明显，因此Z指数能够表示第一大股东对公司的控制能力。

第五节　中国私募证券投资基金监管法规演变历程

从2004年第一只阳光私募产品正式成立，至2010年中国金融期货交易所推出股指期货、上海证券交易所推出融资融券业务，标志着中国私募证券投资基金正式诞生，私募证券投资基金行业经历了迅猛发展的十几年，截至目前已经在资产管理规模等方面取得了显著的成绩。然而，在这一发展过程中，由于大量资金与投资者的涌入，私募证券投资基金行业也出现了如机构质量堪忧、侵害投资者利益以及威胁金融市场系统性安全等诸多问题（张艳，2017）。

2015年下半年，资本市场出现股市异常波动，引起市场的一系列震动与社会经济的巨大损失。这次危机在很大程度上反映出中国金融市场存在的漏洞，也为不适应与不够到位的监管敲响了警钟。在此事件后，为防范长期处于监管宽松地带的私募行业对系统性风险的冲击，并且也为了进一步保护投资者利益，自2016年起，国家相关部门开始出台与实施一系列加强监管的新规、举措。2016年又被称之为中国私募证券投资基金行业的“监管元年”，自此奠定了目前私募证券投资基金行业的监管框架。综合上述分析，本节对中国私募证券投资基金监管法规演变历程进行简单的回顾与总结。

一、疏于监管时期（2010—2015年）

之所以私募证券投资基金得以于2010年取得飞速发展，资本市场中对于金融资金的大量需求与供给方的创新尝试是其中极为重要的一个原因（陈道轮等，2013）。从资本市场中的发展主体角度说，快速发展的企业对于融资的需求异常强烈，除了内部融资和一些传统的外部融资手段外，这一时期的企业对于多样化外部融资需求也在不断上升，而大部分企业面临着资金链紧张、融资较为困难的问题。不仅如此，这一时期的各级地方政府面临着与企业相似的资金难题，迫切需要新的资金进入以满足发展地方经济的需求。

随着经济的快速发展与资本市场的逐步完善，这一时期开始涌现出大量合格投资者群体，例如，中国高净值人群的出现与机构投资者的逐渐成熟，大量具有金融、法律、财务背景的专业人才开始进入合格投资者群体中，使得私募证券投资基金的发展具备了初步的市场根基。

除此之外，这一时期的金融创新浪潮进一步助推了私募证券投资基金行业的发展，对于融资融券和股指期货的创新尝试使得投资者有了更多风险管理的可能，从而进一步促成了中国私募证券投资基金行业的萌芽与发展。

在上述背景下，整个资本市场与监管机构都在很大程度上鼓励与推动着私募行业的发展，以此满足市场的融资与发展需要。然而，伴随着快速发展的趋势，这一时期的中国私募证券投资基金行业监管，整体上呈现出“实务先行、法规滞后”的状况，中国对私募证券投资基金乃至整个私募行业的立法工作落后于实践发展的步伐，为整个金融市场埋下了隐患。

尽管中国私募证券投资基金行业出台过不少监管法规，但总体而言监管较少，因此也暴露出不少风险。具体而言，自 2005 年《公司法》与《证券法》中对非公开发行的证券进行明文规定伊始，直至 2013 年《基金法》才正式将私募证券投资基金纳入监管范围，但此时的立法并未对私募证券基金的具体界定、转让与投资者保护等方面进行详细的规定。

不仅如此，当时不同部门在对于私募证券投资基金的具体金融监管职责分工上模糊不清，极有可能出现“多头监管”或“监管缝隙”的问题。直至 2014 年，中国证监会才正式授权中国基金业协会具体负责私募基金管理人登记和私募基金备案工作，并履行自律监管职能。在此授权之下，同年 1 月基金业协会发布《私募基金管理人登记和基金备案办法（试行）》；同年 2 月，基金业协会实施《私募基金登记备案管理办法》，正式启动基金登记备案工作，以此规范私募行业的私募基金及其基金管理人行为。然而，这一制度对于私募证券投资基金的准入门槛也仅是登记备案，并不涉及更深入的资格审查，也不对投资者做任何风险上的保护承诺。

二、严格监管时期（2016—2020 年）

2015 年下半年的股市异常波动，揭示了长期以来在监管放松、金融自由化政策环境下资本市场的诸多痛处。随之而来的去杠杆与补充监管空白等措施成为政府监管部门的当务之急。自 2016 年伊始，监管层开始对私募行业进行“多方位、全维度”的监管加强措施，奠定了私募证券投资基金行业的监管框架。

2016 年 2 月，基金业协会在 2014 年《私募基金管理人登记和基金备案办法（试行）》规范之上，又发布了《关于进一步规范私募基金管理人登记若干事项的公告》。相较于 2014 的试行办法，此项自律性规范对基金管理人的备案基金时间点、信息报送义务以及从业资格进行了详细规定（张艳，2017），对私募行业震动极大。基金业协会借此打击了大量打着私募旗号实际进行非法集资的三无机构，上万家私募机构被注销登记。不仅如此，基金业协会还对多家存在违反自律规则的机构进行了处罚通告，并对部分异常机构进行公示并限期整改。这在很大程度上促进了私募基金机构的重新洗牌。

2016 年 2 月，基金业协会发布《私募基金管理人登记法律意见书指引》，要求私募基金管理人登记时需提交法律意见书，并且对私募基金的具体经营范围进行了规范。具体来说，要求私募基金进行其经营范围内的业务，且不得兼营与专业化运营原则相悖或与“投资管理”买方业务冲突的业务。

2016 年 2 月，基金业协会发布《私募投资基金信息披露内容与格式指引》，对私募证券投资基金的信息披露制度进行了强化，规定其必须按照合同规定要求向投资者定期披露相关信息，且需采取如邮件等易于操作的信息披露方式。除此之外，资产规模超过 5 000 万元的私募证券投资基金需定期披露《基金月报表》。

2016 年 7 月，基金业协会正式实施《私募投资基金募集行为管理办法》，加强募集阶段的投资者保护制度。具体说，是通过制定前契约信息披露进一步加强基金“卖者有责”的义务，借此平衡基金买卖双方之间信息不对称带来的合同失衡。不仅如此，该法规赋予了投资者撤回权，并且为基金募集机构施加了回访义务，在极大程度上加强了对投资者的保护。

三、发展中国私募证券投资基金行业的监管建议

当下是金融体制深化改革的重要阶段，金融供给侧结构性改革业已展开。中国私募证券投资基金行业发展迅速，越来越成为影响金融市场稳定和安全的重要一环。为深化市场互联互通，逐步建成具有国际竞争力的多层次资本市场体系，迫切需要提升中国私募证券投资基金公司治理结构和风险管理能力，规范行业发展，健全监管体系。

（一）完善登记备案机制与掌握私募证券投资基金公司运营状况

对于私募证券投资基金公司的办公地点、关联方、股东、产品数量和规模都要完整准确地登记，中央和地方协同备案，做好信息管理和更新工作，切实降低虚假登记或遗漏上报等现象的发生频率。即便是美国的成熟市场，在 2008 年金融危机之后改变宽松监管的作风，对对冲基金进行了公募化、阳光

化、全面化、协同化的管理，提升了对冲基金虚假不实登记的机会成本。

（二）完善治理结构和有序经营

健全法律法规、丰富对冲工具与提升机构投资者作为股东的参与度。

在发展初期，中国私募证券投资基金行业既无成熟发达的资本市场，充分的衍生品对冲工具作为铺垫，也无健全完善的法律法规和监管体系为投资者保驾护航，使得2015年快速增长的结果不仅增加了监管成本，还需要金融市场多年的消化。由于私募证券投资基金公司治理结构不完善，缺乏经营管理经验，近年来，私募证券投资基金产品数量增速缓慢，因此，应该提高成立私募证券投资基金公司的要求，积极发展衍生品市场，吸引机构投资者作为股东参与私募证券投资基金公司，完成私募证券投资基金行业的有序经营和平稳过渡。

（三）加强追踪监察与关注公司股权结构变动

中国私募证券投资基金公司的股权高度集中，虽然有利于绩效提升，但是同时伴以高风险。股权结构的特征和变动一定程度上能够反映出基金公司的经营状况，相关部门应定期对异常情况及时追踪调查，尤其关注股权高度集中的基金公司，切实保护投资者合法权益。例如，美国规定对冲基金投资顾问必须向证券监管部门报送详细、及时的信息报表，包括：产品信息、杠杆大小、风险敞口、治理情况等；以此预防欺诈行为，保障投资者的知情权，改善内部治理。

（四）提高行业准入门槛与监管力度，培养风险防范意识

目前，中国私募证券投资基金公司的核心竞争力往往来自唯一的创始基金经理。“一人模式”风险较高，由于权力过于集中，管理层的行为约束小，公司决策的个人意志过于鲜明，不仅容易损害小股东的利益，还有可能将旗下管理的资产置于不必要的高风险之中，增加了公司盈利的不稳定性。因此，应加强对私募证券投资基金公司的管理层、核心基金经理的监管，提升行业准入门槛，优化绩效风险结构。

第四章　理论分析与研究假说

本章在前文文献综述和制度背景的基础上，对中国私募证券投资基金（对应海外对冲基金）持股之后实地调研上市公司的事件，及经济后果进行理论分析，并提出待检验的研究假说。具体分成三个部分：中国私募证券投资基金实地调研“沟通”的经济后果检验，中国私募证券投资基金实地调研“沟通”的渠道检验（公司治理问题），监管改革（“干预”威胁降低）对中国私募证券投资基金实地调研“沟通”效果的影响检验。

第一节　实地调研“沟通”的经济后果检验

私募证券投资基金区别于其他机构投资者，尤其是公募基金、养老基金等，最大的区别是，私募证券投资基金采取“主动管理”的资产管理模式，而公募基金、养老基金等主要采用“被动管理”的资产管理模式，也就是说，私募证券投资基金会发挥所谓股东积极主义行为真实参与公司管理，而不是遇到问题只是“用脚投票”（Brav，et al.，2008）。从统计数据看，与外界将私募证券投资基金看作一个短期投资者有所不同（Kahan & Rock，2006），海外对冲基金平均持股周期为两年左右（Brav，et al.，2008），高于同期的海外共同基金；中国私募证券投资基金持股周期为 1.8 年左右，亦高于同期的中国公募基金（李路等，2019）。因此，私募证券投资基金是与公募基金、养老基金截然不同的一类会主动参与公司治理的长期机构投资者。海外学术界已经将对冲基金从机构投资者中独立出来加以单独研究，尤其是对冲基金股东积极主义行为对公司治理的影响研究已经受到学术界与实务界的广泛关注。

部分学者关注于对冲基金行使股东积极主义行为带来的长期和短期公司绩效的不同（Greenwood & Schor，2009；Bebchuk et al.，2015）；另有学者就对冲基金行使股东积极主义对其他利益相关者的影响展开分析（Klein & Zur，2011；Sunder et al.，2014；Brav et al.，2015a）。然而，尽管围绕对冲基金股东积极主义行为的实证文献众多，但大多数学者主要从对冲基金对公司进行直接“干预”（即正式的、需要走完整公司治理流程的方式影响目标公司治理结构与经营行为）的角度分析，鲜有学者关注对冲基金采取“沟通”方式（即非正式的、私下沟通的方式影响目标公司治理结构与经营行为）所进行的股东积极主义行为及其带来的影响。

得益于理论研究的最新进展，莱维特（Levit，2019，2020）将股东与管理层之间的“沟通”称之为“柔性治理”方式，而将直接“干预”称之为“刚性治理”方式，并从该视角建立理论模型并得出了极具启发意义的理论预期。本书参考莱维特关于“柔性治理”的理论分析框架，结合中国私募证券投资基金市场自身的制度背景与监管改革，以中国私募证券投资基金持股上市公司之后的实地调研作为事件和研究对象，分析“沟通”——“柔性治理”方式对公司股票市场估值，以及公司实际经营行为的影响和经济后果。

海外对冲基金股东积极主义研究领域主要以对冲基金提交监管备案文件事件（如提交 13D 文件），进行其行使股东积极主义行为的短期和长期效应分析（Brav et al.，2008）。其中，部分研究利用 13D 文件发现，对冲基金股东积极主义行为能够显著提升公司的短期绩效（Clifford，2008；Klein & Zur，2009）；另一部分研究则发现，对冲基金股东积极主义与公司长期绩效之间有正相关关系（Bebchuk et al.，2015；Brav et al.，2015a；Brav et al.，2018；Tang，2020）。也有学者认为，对冲基金只提升公司的短期绩效；不仅如此，从长期看，对冲基金行使股东积极主义行为会加剧公司管理层的短视行为，对长期绩效无效甚至有害（Bratton & Wachter，2010；Fox & Lorsch，2012；George & Lorsch，2014；Des Jardine & Durandes，2020；Sampson et al）。近期亦有研究发现，对冲基金持股公司绩效的提升，可能归因于对冲基金本身所具备的卓越选股能力，而非其股东积极主义行为对公司产生的影响（Brav et al.，2015b）。

本书以一类较为特殊的事件——中国私募证券投资基金持股之后对上市公司的实地调研——作为与目标公司管理层“沟通”的研究场景，可以避免海外对冲基金股东积极主义研究领域针对事件本身的争议，提供一个可能的理论解释与实证检验。

传统观点认为，对冲基金发生代理权之争等股东积极主义行为时需要花费的时间、金钱等成本巨大。目前的研究尚不清楚这类股东积极主义行为所获得的收益是否能够覆盖其成本。艾肯和李（Aiken & Lee，2020）研究发现，许多对冲基金提交13D文件的目的并非希望直接“干预”公司，而是为了获取与管理层更加深入的“沟通”机会。别布丘克等（Bebcohuk et al.，2020）亦发现，对冲基金首选的并不是直接“干预”方式，而是与管理层进行“沟通”并最终达成私下协议以达到治理目的。上述研究表明，相对于直接的“干预”，私下的“沟通”对于对冲基金而言或许更加具有价值。

实地调研可以作为检验“柔性治理”的研究场景，对中国私募证券投资基金持股之后，与目标公司管理层的直接“沟通”进行相应的实证检验。之所以使用实地调研作为研究事件，主要基于如下原因：第一，实地调研活动包括前往目标公司当地与管理层面对面问答等环节，提供了私募证券投资基金经理与管理层面对面“沟通”的机会，为本书检验“沟通”提供了渠道。第二，由于深圳证券交易所要求所有上市公司需对实地调研内容进行及时、详尽的披露，实地调研的相关数据结构较为完整并且数据质量较优，这也为本书的实证检验提供了数据基础。第三，持股之后的私募证券投资基金成为目标公司股东。在海外，对冲基金经理与管理层以直接或是较为私密的沟通方式进行股东积极主义行为已有先例（Carleton et al.，1998；Brav et al.，2008；Becht et al.，2009；Dimson et al.，2015；McCahery et al.，2016；Aiken & Lee，2020），然而双方实施此类沟通方式的具体细节并不可知，对于其如何达成一致意见以及后续对公司实际经营行为的影响分析也鲜有研究提及（Bebchuk et al.，2020），而中国的实地调研事件恰好可以打开这个“黑箱”。

综上所述，中国私募证券投资基金在持股之后的实地调研过程中，与目标公司管理层面对面的“柔性治理”行为，相较于“刚性治理”方式，更能够对公司股票市场估值和公司实际经营行为产生影响。

首先，“沟通”可以传递有价值的信息。私募证券投资基金经理一般具备较为优秀的专业背景和投资经验，在面对面“沟通”的过程中能够提供目标公司管理层以有价值的建议和信息，从而能够帮助提升公司之后的决策质量（Kaplan & Vakili，2015；Shepherd et al.，2017；Joseph & Wilson，2018）。

其次，面对面的“沟通”更加有效率。私募证券投资基金经理和目标公司管理层面对面交流能够实现较高的沟通效率，沟通双方可以较为充分地阐述与交换彼此的观点（Daft & Lengel，1986；Uzzi，1996）。有关心理学的研究已经表明，面对面交流能够提供交流双方更为舒适、更值得信任的环境，以此达到更有效的沟通目的（Trouche et al.，2014；Carlson，2019；Chen et al.，

2020）。

最后，面对面的“沟通”不仅能够单方面传递信息，还能够实现双方信息的试探、交换，甚至纠错。私募证券投资基金经理和目标公司管理层面对面的交流过程，不仅为双方提供了交换信息的机会，还能够在你来我往的商议过程中，发现对方观点背后的底线立场和消除可能存在的误解（Mercier & Sperber，2011；Claidière et al.，2017；Thrasher，2020）。更为重要的是，双方在交流的过程中通过交换彼此已知的信息与观点，产生新的思路与见解（Nahapiet & Ghoshal，1998；Tsoukas，2009；Boxenbaum & Rouleau，2011），从而使公司受益，进而体现在公司的股票市场估值和实际经营行为中。

据此，本文提出研究假说1。

假说1：中国私募证券投资基金持股之后实地调研上市公司，能够通过“柔性治理”行为，即与管理层的面对面“沟通”提升公司的股票市场估值，并且影响公司的实际经营行为。

第二节　实地调研“沟通”的渠道检验

私募证券投资基金倾向于持有价值被低估且收益较为稳定的目标公司，这些公司并不存在经营（包括行业竞争与商业模式两个维度）等方面重大的缺陷，但存在较为明显的公司治理问题（Brav et al.，2008）。

具体到实地调研，如果私募证券投资基金尚未成为目标公司股东时，其关心问题的顺序依次是：第一，行业竞争结构，即所谓“赛道”；第二，公司商业模式，即所谓“护城河”；第三，公司治理结构。而一旦私募证券投资基金成为目标公司股东之后，作为长期机构投资者不能随时“用脚投票”，因此行业竞争结构和公司商业模式不再位居考虑前列，此时第一位需要关注的问题就是公司治理结构（Brav et al.，2008）。与此同时，私募证券投资基金作为一类成熟的机构投资者，其专业能力与对公司情况判断的敏锐程度都较高，能够就目标公司的公司治理问题给出专业的建议。因此，私募证券投资基金持股之后的实地调研中若涉及公司治理问题的“沟通”，目标公司管理层从“沟通”中能够获取有价值的信息。

得益于深圳证券交易所要求上市公司强制披露《投资者关系互动记录表》，其中详细记录了投资者关系活动的主要内容，包括实地调研过程中私募证券投资基金经理与目标公司管理层的问答详情。因此，本书有机会对中国私募证券投资基金持股之后实地调研过程中与目标公司管理层“沟通”的话题内容，尤其是涉及公司治理问题的部分，做进一步的实证检验。

据此，提出研究假说2。

假说2：中国私募证券投资基金持股之后实地调研上市公司时，通过与管理层面对面“沟通”公司治理问题的渠道，提升了公司的股票市场估值和影响了公司实际经营行为。

第三节　监管改革（“干预”威胁降低）影响检验

根据莱维特的理论模型，“沟通”和“干预”是互相替代而不是互相补充的，“干预”有时会损害“沟通”，因此当委托人“干预”比较容易或者代理人成本比较高时，应该选择“沟通”而不是“干预”。上述理论研究视角可以通过如下实证设计加以细化。

一、股东与管理层之间的博弈

吉兰和斯塔克斯（Gillan & Starks，2007）发现，股东的提议本质上还是咨询性的，意味着即使股东提案获得了满票通过，管理层也不一定会予以执行。而在现实中，股东很少会将自身的想法强加给管理层，与之相反，股东更多地会使用劝说等方法促使管理层做出改变（Levit，2019）。然而，心理学的证据显示，处理与本身想法相矛盾的信息需要大量的认知努力（Prado et al.，2020；Sperber et al.，2010）。因此，除非管理层有足够的提升公司价值的动力，否则他们要么会完全忽略股东建议，要么仅会采取一些象征性行动制造改变的假象（Cuypers et al.，2016；Shi & Connelly，2018）。

当私募证券投资基金行使股东积极主义行为时，如何使目标公司管理层接受其观点并付诸实际行动，是其面临的关键问题；而管理层会通过判断成本收益决定是否与私募证券投资基金进行有效“沟通”，会尽量避免直接的股东“干预”（Levit，2020）。换句话说，如果私募证券投资基金进行直接“干预”的威胁较强，一旦管理层忽略其建议，或仅采取象征性行动，公司可能面临如代理权之争等较为激烈的直接“干预”行为。一般来说，公司在应对直接“干预”行为时所需付出的成本大于收益，更可能选择与私募证券投资基金进行有效“沟通”；与之相反，如果私募证券投资基金进行直接“干预”的威胁较弱，即使管理层忽略其建议，或仅采取象征性行动，其收益也大于成本，私募证券投资基金与管理层的有效“沟通”可能难以发生。

因此，当私募证券投资基金的“干预”威胁降低时，其持股之后实地调研与目标公司管理层“沟通”的效果就会大打折扣。

二、不同股东之间的博弈

私募证券投资基金行使股东积极主义行为的目的之一是提升股东价值，其诉求与其他股东之间并无明显利益冲突（Schwab & Thomas，1998）。如果私募证券投资基金能够提出有说服力的观点，其他股东也会因此受益，并最终使得管理层将其付诸实施（Ferraro & Beunza，2018）。因此，私募证券投资基金可以与其他股东“沟通”以获取支持，提高自身的“干预”威胁（Levit，2019；Appel et al.，2019）。

具体说，私募证券投资基金通常不是公司的第一大股东，其对公司实施直接“干预”的难度会受其他股东的影响。股权越分散，私募证券投资基金与其他股东“沟通”达成一致意见的难度越大，即“干预”威胁降低，使得私募证券投资基金与管理层的“沟通”效果降低（Levit，2019）。

三、代理成本的影响

当目标公司代理成本较高时，管理层更容易在与私募证券投资基金“沟通”中隐藏信息，以满足其自利动机，使得“沟通”发挥作用的空间有限。而私募证券投资基金“干预”威胁降低后，管理层自利行为的成本下降，则上述有效“沟通”被损害的情况将更为普遍。反之，当目标公司代理成本较低，管理层在与私募证券投资基金进行“沟通”中隐藏信息的动机不足，即使在私募证券投资基金“干预”威胁降低之后，其与管理层之间的“沟通”效果受到的影响也相对较小（Levit，2020）。

结合上述理论分析，本书将2016年作为外生性事件，因其被称为中国私募证券投资基金行业的“监管元年”，出台了一系列针对私募证券投资基金的监管法规，尤其明确规定私募证券投资基金不得随意干预其持股上市公司的实际经营行为，提供了外生性的准自然实验，使得本书可以检验监管改革前后，“干预”威胁降低对私募证券投资基金经理实地调研“沟通”效果的影响。

据此，提出研究假说 3。

假说 3： 监管改革（“干预”威胁降低）之后，中国私募证券投资基金持股之后实地调研上市公司时，与管理层面对面“沟通”提升公司股票市场估值和影响公司实际经营行为的效果会减弱，并且这种影响在股权分散或代理成本较高的公司中更为明显。

第五章　实证研究方法设计

在理论分析与研究假说的基础上，本章介绍用以检验上述研究假说的实证研究方法，具体包括：样本选择和数据来源、检验模型、变量设定以及变量描述性统计等内容。

第一节　样本选择与数据来源

一、样本选择

本书根据海外对冲基金行使股东积极主义文献的严格定义，选择中国私募证券投资基金实地调研上市公司的事件。根据研究目标，样本的筛选程序如下：

根据监管政策改革，深圳证券交易所于2012年7月制定的《中小企业板信息披露业务备忘录第2号：投资者关系管理及其信息披露》规定，上市公司在与特定对象交流沟通的过程中应当做好会议记录，并在投资者关系活动结束后两个交易日内，编制《投资者关系互动记录表》并将该表及活动过程中所使用的文档及时在深圳证券交易所互动易网站刊载。在此制度背景下，本书所选取样本的时间为2013年至2018年，以此保证本书所使用实地调研数据的信息披露质量的一致性与连贯性。由于该项强制披露文件仅适用于在深圳证券交易所上市的公司，上海证券交易所并未针对投资者关系管理做出有关强制披露的要求而是自愿披露，因此本书的研究样本仅以在深圳证券交易所上市的公司为对象。

本书所选取的上市公司实地调研《投资者关系互动记录表》数据收集自万得（WIND）数据库，并对该表格中包含的分析师会议、媒体采访、绩效说明会、新闻发布会、路演活动等非实地调研投资者关系活动进行剔除。在此基础上，对上市公司接待人员中完全没有私募证券投资基金参与的样本进行剔除。上市公司与投资者在实地调研中问答的具体内容与问题分类，来源于手工整理的《投资者关系互动记录表》中涉及的投资者关系活动内容介绍部分。

为保证研究的有效性与准确性，本书对初始样本数据进行了如下处理：①剔除了私募证券投资基金不是上市公司股东的实地调研事件；②剔除了金融行业上市公司；③剔除了被标记为 ST，* ST，PT 的样本公司；④剔除了相关研究数据缺失的样本；⑤对所有的连续变量在 1%的水平上进行了缩尾处理。在进行了上述样本选取与处理后，本书共包含 2013 年至 2018 年 571 次私募证券投资基金实地调研事件，涉及被调研上市公司共 383 家。

二、数据来源

解释变量。由于中国私募证券投资基金不定期公开披露其持股数据，本书利用上市公司各季度披露的前十大流通股东的名单，通过机器学习的模糊匹配方法与手工整理方法，确认私募证券投资基金是否持股其所调研的上市公司。上市公司前十大流通股东的季度数据收集自万得（WIND）数据库。私募证券投资基金的数据主要收集自整合上海交通大学上海高级金融学院中国私募证券投资研究中心、万得（WIND）、朝阳永续、私募云通、私募排排网和大智慧六家目前收集私募证券投资基金信息的数据库，并结合中国证券投资基金业协会的官方公开数据。

被解释变量和控制变量。上市公司层面的变量，例如，Q（*Tobin's Q*）、总资产收益率（*ROA*）、净资产收益率（*ROE*）、账面市值比（*BM*）、主营业务收入（*Revenue*）、资产负债率（*Leverage*）、成长能力（*Growth*）、上市年数（*List Year*）、产权性质（*SOE*）、两权分离度（*Separation*）、独立董事比例（*Independent Director*）、第一大流通股股东持股比例（*SH*1）、前十大流通股股东持股比例之和（*SH*10）、高管持股比例（*Executive Holding*）、董事会规模（*Board*）等变量均下载于国泰安（CSMAR）数据库；公司治理层面的变量，例如，公司治理问题数量（*CG_AbN*）、公司治理问题篇幅（*CG_AbL*）等下载于万得（WIND）数据库。上市公司股票价格数据下载于万得（WIND）数据库。

本书数据处理使用 Python3. 7 和 STATA16. 0 计量分析软件进行。

第二节　检验模型和变量设定

一、检验模型

本书试图对中国私募证券投资基金实地调研上市公司事件进行相应的实证检验。然而，私募证券投资基金进行上市公司实地调研的原因众多，为了缓解可能存在的选择性偏误问题，本书在混合效应面板回归的基础上，将倾向匹配得分法（PSM）加入检验模型中（Rosenbaum & Rubin，1983）。本书将被私募证券投资基金持股并实地调研的上市公司作为实验组，通过最邻近匹配为其寻找对照组。对照组来自同年从未被私募证券投资基金持股并实地调研的上市公司。参考程等（Cheng et al.，2019）以及刘等（Liu et al.，2017），本书将上市公司主营业务收入（*Revenue*）、资产负债率（*Leverage*）、成长能力（*Growth*）、上市年数（*List Year*）、第一大股东持股比例（*SH*1）、高管持股比例（*Executive Holding*）、产权性质（*SOE*）、董事会规模（*Board*）、独立董事占董事会比例（*Independent Director*）以及两权分离度（*Separation*）等作为匹配因子，构建模型（1），分年度进行Probit回归，并根据估计出的模型计算在相同行业每家上市公司被私募证券投资基金实地调研的概率，即倾向得分。

之所以选择上述匹配因子，主要基于四个理由：第一，私募证券投资基金可能更偏好于调研绩效较好的公司（Bushee & Miller，2012），因此本书将主营业务收入（*Revenue*）和成长能力（*Growth*）纳入匹配因子；第二，当公司出现融资需求时，可能会因为寻求外部投资者关注而增加投资者实地调研活动，据此，本书将资产负债率（*Leverage*）纳入匹配因子；第三，相较于民营企业，影响国有企业经营与投资决策的因素更为复杂，上市公司与私募证券投资基金进行实地调研活动的意愿与动机均有所区别，据此，本书将公司产权性质（*SOE*）纳入匹配因子；第四，公司治理结构以及外部投资者影响力都会显著影响公司投资者关系管理（Cheng et al.，2019），因此本书将第一大股东持股比例（*SH*1）、高管持股比例（*Executive Holding*）、董事会规模（*Board*）、独立董事占董事会比例（*Independent Director*）以及两权分离度（*Separation*）纳入匹配因子。对于每家私募证券投资基金实地调研的上市公司，本书选取在同一行业与被私募证券投资基金实地调研概率最接近，且倾向得分之差小于0.001的一家公司作为对照组样本。

在运用倾向匹配得分法（PSM）的基础上，本书引入双重差分法（DID）实证检验研究假说1和研究假说2。

$$\begin{aligned} Probit(visit)_{i,t+1} = {} & \beta_0 + \beta_1 Revenue_{i,t} + \beta_2 Leverage_{i,t} + \beta_3 Growth_{i,t} + \beta_4 ListYear_{i,t} \\ & + \beta_5 ShareHolder1st_{i,t} + \beta_6 ExecutiveHolding_{i,t} + \beta_7 SOE_{i,t} \\ & + \beta_{10} Log(Board)_{i,t} + \beta_{11} IndependentDirector_{i,t} \\ & + \beta_{12} Separation_{i,t} + YearDummies + \varepsilon_{i,t} \end{aligned} \tag{1}$$

莱维特的理论分析认为，“沟通”只有在威胁存在的前提下才有效。别布丘克等（Bebchuk et al.，2020）发现，当发动代理权之争的威胁真实存在时，美国对冲基金能更顺利地与公司达成和解协议。在此制度背景下，本书引入2016年中国基金业协会就中国私募证券投资基金监管要求变革的外生性事件，进行在监管收严后，即私募证券投资基金对上市公司的“干预”威胁下降后，其实地调研效果变化的准自然实验。

因此，在综合倾向匹配得分法（PSM）与双重差分法（DID）的基础上，本书引入了三重差分法（DDD）实证检验研究假说3。

第一重差分为实验组与对照组，即是否实地调研了上市公司，以 *Treat* 度量，实验组为1，对照组为0；第二重差分为实地调研事件发生前后，以 *After* 度量，实地调研事件前为0，事件后为1；第三重差分为2016年私募证券投资基金监管改革外生性事件发生前后，以 *Post* 度量，外生性事件发生前为0，事件发生后为1。据此，本书建立了实证模型（2）：

$$\begin{aligned} Tobin's\ Q_{i,t+1} = {} & \beta_0 + \beta_1 Treat_{i,t} \cdot After_{i,t} \cdot Post_{2016} + \beta_2 Treat_{i,t} \cdot Post_{2016} \\ & + \beta_3 After_{i,t} \cdot Post_{2016} + \beta_4 Treat_{i,t} \cdot After_{i,t} + \beta_5 Treat_{i,t} \\ & + \beta_6 After_{i,t} + \beta_7 Post_{2016} + \beta_{10} X_{i,t} + \gamma_k + \delta_t + \varepsilon_{i,t} \end{aligned} \tag{2}$$

其中，托宾Q（$Tobin's\ Q_{i,t+1}$）代表在实地调研事件后一年的公司价值，β_1 代表在控制了由实地调研样本选择偏差、监管变化带来的影响后，私募证券投资基金实地调研对上市公司的影响。本书在模型中控制了年份与行业固定效应。

二、变量设定

本书将变量构成分成三个部分：私募证券投资基金的相关变量、上市公司的相关变量，公司治理的相关变量。

（一）私募证券投资基金的相关变量

1. 私募证券投资基金实地调研变量（*HOLD_VISIT*）

虚拟变量。如果上市公司当年被私募证券投资基金持股并且实地调研，取值为 1；如果上市公司当年并未被私募证券投资基金持股并且实地调研，取值为 0。

2. 私募证券投资基金策略类型变量（*Stock Long*）

虚拟变量。如果私募证券投资基金采用股票多头策略，取值为 1；若非股票多头策略则取值为 0。

3. 私募证券投资基金股东位次变量（*Ranking*）

私募证券投资基金在公司前十大股东名单中的排名，用于衡量私募证券投资基金在该公司的持股规模。

（二）上市公司的相关变量

1. 公司股票市场估值变量（*Tobin's Q*）

企业市值与总资产的账面价值的比率，表示企业股票市值与股票所代表的资产重置成本的比例关系。

2. 公司实际经营行为变量

参考克雷默斯等（Gremers et al.，2022），本书以资产回报率（*ROA*）、净资产回报率（*ROE*）衡量公司实际经营行为中的财务绩效；以资本支出（*CAPX*）、研发投入（*R&D*）、无形资产（*Intangibility*）、企业资本结构（*Leverage*）衡量公司实际经营行为中的投融资行为变量。

其中，资本支出（*CAPX*）= 构建固定资产、无形资产和其他长期资产所支付的现金/期末总资产；研发投入（*R&D*）= 企业用于研发的资金投入量，用于衡量企业科技研发投入水平；无形资产（*Intangibility*）= 企业无形资产总额/企业总资产；企业资本结构（*Leverage*）= 总负债/总资产。

3. 公司收入变量（*Revenue*）

主营业务收入，表示该企业从事本行业内生产经营活动所取得的营业收入总额。

4. 公司负债情况变量（*Leverage*）

企业资本结构，资本结构=总负债/总资产；衡量企业负债水平。

5. 公司增长情况变量（*Growth*）

收入增长定义为 t 年收入与 $t-1$ 年收入之差除以 $t-1$ 年收入，表示企业盈利能力的增长性。

6. 公司上市时间变量（*List Years*）

上市年限，截至实地调研事件前，该公司在交易所上市的年数。

7. 公司股权制衡变量（*SH*1，*SH*10）

（1）第一大股东持股比例，表示该企业最大股东所持股份占该企业总股份的比例。

（2）前十大股东持股比例，表示该企业第一至第十大股东所持股份占该企业总股份的比例。

8. 公司高管激励变量（*Executive Holding*）

高管持股比例，指该企业管理人员持股股份占该公司总股份的比例。

9. 公司所有权结构变量（*SOE*）

企业所有制，设置虚拟变量，若样本企业为国有企业则取值为1；若样本企业为民营企业则取值为0。

10. 公司董事会结构变量（*Board*，*Independent Director*）

（1）董事会成员数目，代表该企业所有董事的总人数，用来衡量企业董事会规模及股权分散程度。

（2）独立董事人数除以董事会人数的比率，表示该企业独立董事人数占比，衡量企业独立董事在董事会中的比重。

11. 公司控制权变量（*Separation*）

所有权与控制权分离程度，表示该企业所有权与控制权的分散程度，分散程度越高，该变量越大。

12. 公司代理成本变量（*Agency Costs*）

参考杨德明和辛清泉（2006）、胡茜茜等（2018）以及安等（Ang et al.，2000），使用管理费用率（管理费用与营业收入之比）体现经理人在职消费的程度，在职消费的数值越大，代理成本越高。

13. 市场收益变量（*CAR*［0，*K*］）

经过市场调整后的累计超额收益率，事件窗口期分别为0至2，3和7。

14. 市场波动变量（*VOL*［0，*K*］）

股票收益波动率，事件窗口期分别为0至2，3和7。

（三）公司治理问题的相关变量

1. 公司治理问题（*CG*）

虚拟变量：如果私募证券投资基金实地调研内容中涉及公司治理问题

(公司治理问题包括管理层任职、管理团队结构、股东与股权结构调整等),取值为1;若没有涉及公司治理问题,取值为0。

2. 公司治理问题数量 (*CG_AbN*)

经过行业调整后,与公司治理相关的问题数量占问题总数的比率。公司治理问题包括管理层任职、管理团队结构、股东与股权结构调整等。

3. 公司治理问题篇幅 (*CG_AbL*)

经过行业调整后,与公司治理相关的问题字长占所有问题总字长的比率。公司治理问题包括管理层任职、管理团队结构、股东与股权结构调整等。

4. 公司治理改善程度变量 (*CG_Improvement*)

虚拟变量:如果实地调研中提到的公司治理问题在实地调研事件一年后得到改善,则取值为1;如果实地调研中提到的公司治理问题在实地调研事件一年后未得到改善,则取值为0。

本书涉及的变量具体定义可以参见表5.1。

表5.1　变量定义

变量名	变量定义
HOLD_VISIT	虚拟变量。如果上市公司当年被私募证券投资基金持股并且实地调研,取值为1;如果上市公司当年未被私募证券投资基金持股并且实地调研,取值为0
Tobin's Q	企业市值与总资产的账面价值的比率
ROA	资产回报率
ROE	净资产回报率
REVENUE	主营业务收入
Leverage	总负债除以总资产
Growth	收入增长,定义为t年收入与$t-1$年收入之差除以$t-1$年收入
List Years	截至实地调研前,该公司在交易所上市的年数
SH 1	最大股东持股比例
SH 10	第一大股东至第十大股东的累计持股比例
Executive Holding (%)	高管持股比例,指该公司管理人员持股股份占该公司总股份的比例

续表

变量名	变量定义
SOE	虚拟变量。如果公司是国有企业，取值为1；否则为0
Board	董事会成员数量
Independent Director	独立董事人数除以董事会人数的比率
Separation	所有权与控制权分离程度
Agency Costs	管理费用与营业收入之比，衡量公司代理成本的大小
HPB	私募证券投资基金在实地调研前平均持股一家公司股票的时间
Stock Long	虚拟变量。如果私募证券投资基金采用股票多头策略，取值为1；否则为0
Ranking	私募证券投资基金在公司前十大股东名单中的排名，用于衡量私募证券投资基金在该公司的持股规模
CAR［0，*K*］	经过市场调整后的累计超额收益率，事件窗口期分别为0至2，3和7
VOL［0，*K*］	股票收益波动率，事件窗口期分别为0至2，3和7
CG	虚拟变量。如果实地调研问题中包括公司治理问题则取值为1；否则为0。公司治理问题包括管理层任职、管理团队结构、股东与股权结构调整等
CG_AbN	经过行业调整后，与公司治理相关的问题数量占问题总数的比率
CG_AbL	经过行业调整后，与公司治理相关的问题字长占所有问题总字长的比率
CG_Improvement	虚拟变量。如果实地调研中提到的公司问题在事件一年后得到改善，取值为1，否则为0
Cash	企业现金流量，企业现金流量=经营活动现金净流量/总资产
CAPX	资本支出，资本支出=构建固定资产、无形资产和其他长期资产所支付的现金/期末总资产
R&D	研发投入，表示企业用于研发的资金投入量，用于衡量企业科技研发投入水平
Intangibility	无形资产，无形资产=企业无形资产总额/企业总资产
Leverage	企业资本结构，资本结构=总负债/总资产，衡量企业负债水平

第三节　变量描述性统计

一、中国私募证券投资基金实地调研上市公司的基本情况

表 5. 2 为 2010—2017 年中国私募证券投资基金持股上市公司的数量、持股比例以及进入前十大股东和持股超过 5%的数量及比例。截至 2017 年 12 月，在 1 274 家上市公司股东中至少有一家私募证券投资基金，私募证券投资基金平均持股比例 3. 94%；971 家上市公司中私募证券投资基金进入前十大股东，私募证券投资基金平均持股 2. 88%；333 家上市公司中私募证券投资基金持股超过 5%，私募证券投资基金平均持股 9. 81%（高于同期美国对冲基金持股上市公司的 6. 30%），中国私募证券投资基金已经成为上市公司重要的外部股东来源。

表 5. 2　中国私募证券投资基金持股上市公司描述性统计

报告期（年）	仅持股上市公司		持股并进入目标公司前十大股东		持股比例超过 5%	
	被持股上市公司数量	平均被持股比例（%）	被持股上市公司数量	平均被持股比例（%）	被持股上市公司数量	平均被持股比例（%）
2010	324	1. 87	206	1. 13	24	8. 36
2011	355	2. 41	247	1. 31	44	9. 28
2012	383	1. 81	268	1. 36	30	8. 72
2013	497	1. 74	392	1. 71	34	7. 24
2014	780	2. 06	628	1. 85	83	7. 84
2015	675	2. 15	491	1. 87	68	8. 06
2016	801	2. 59	580	2. 55	111	8. 59
2017	1 274	3. 94	971	2. 88	333	9. 81

表 5. 3 为 2013—2018 年上市公司实地调研的统计数据。

表 5. 3 的数据显示，2013—2018 年，上市公司共披露了 43 341 起实地调

研事件。其中，40 671 起发生在深圳证券交易所，仅有 2 670 起实地调研由上海证券交易所上市公司披露。这说明大部分上市公司仅在强制披露环境中才愿意公布投资者实地调研的信息。在所有实地调研事件中，私募证券投资基金参与的实地调研事件有 13 149 起，占全部实地调研事件的 30%以上。其中，私募证券投资基金以股东身份参与的实地调研事件 571 起，并呈现逐年上升趋势。

表 5.3　中国私募证券投资基金实地调研上市公司的基本情况（2013—2018）

年份	机构投资者实地调研（全市场）		机构投资者实地调研（深圳证券交易所）		私募证券投资基金实地调研		私募证券投资基金（持股）实地调研	
	事件数目	事件占比（%）	事件数目	事件占比（%）	事件数目	事件占比（%）	事件数目	事件占比（%）
2013	7 550	17.42	7 318	17.99	1 585	12.05	71	12.43
2014	8 070	18.62	7 699	18.93	2 067	15.72	86	15.06
2015	6 815	15.72	6 505	15.99	2 254	17.14	129	22.59
2016	7 531	17.38	7 083	17.42	2 632	20.02	92	16.11
2017	7 178	16.56	6 452	15.86	2 476	18.83	90	15.76
2018	6 197	14.30	5 614	13.80	2 135	16.24	103	18.04
合计	43 341	100.00	40 671	100.00	13 149	100.00	571	100.00

表 5.4 的数据显示，私募证券投资基金实地调研的目标上市公司多为制造业企业，共发生实地调研事件 9 564 起，占比 72.74%；其次为软件与信息技术业企业，共发生实地调研事件 1 327 起，占比 10.09%。在所有行业分类中，居民服务业、修理业和其他服务业以及教育行业很少是私募证券投资基金实地调研的目标行业。私募证券投资基金以股东身份参与的实地调研行业分类情况与上述结论大致统一。以上发现与博文等（Bowen et al.，2017），洪等（Hong et al.，2019）在投资者实地调研事件中进行的上市公司行业分类情况基本一致。这在一定程度上说明，投资者实地调研的目标行业偏好大体相同，实地调研事件大多发生于制造业企业。

表 5.4　中国私募证券投资基金实地调研上市公司的行业分布

（深圳证券交易所）

CRSC 标准行业分类	行业编码	私募证券投资基金实地调研		私募证券投资基金（持股）实地调研	
		事件数目	事件占比（%）	事件数目	事件占比（%）
农林牧渔业	A	152	1.16	4	0.70
采矿业	B	83	0.63	1	0.18
制造业	C	9 564	72.74	451	78.98
电力、热力、煤气以及水的生产和供应业	D	95	0.72	2	0.35
建筑业	E	385	2.93	16	2.80
批发零售业	F	455	3.46	14	2.45
交通运输、仓储和邮政服务	G	94	0.71	5	0.88
食宿业	H	24	0.18	0	0.00
信息传输、软件和信息技术服务	I	1 327	10.09	34	5.95
金融	J	55	0.42	0	0.00
房地产	K	231	1.76	16	2.80
租赁和商务服务	L	170	1.29	1	0.18
科学研究与技术服务	M	130	0.99	4	0.70
水利、环境和公用事业管理	N	133	1.01	3	0.53
住宅服务、维修及其他服务	O	0	0.00	0	0.00
教育行业	P	0	0.00	0	0.00
卫生和社会福利工作	Q	38	0.29	2	0.35
文化体育娱乐	R	198	1.51	16	2.80
综合类行业	S	15	0.11	2	0.35
合计		13 149	100.00	571	100.00

表 5.5 报告了本书所有主要变量的描述性统计结果。本书样本共包含了 10 953 起实地调研事件，其中，有私募证券投资基金股东调研的事件占比 3.5%。上市公司托宾 Q、主营业务收入、资产负债比率、成长能力以及上市年

数均值分别为 2.447，4 350.979 万元，39.4%，22%和 9.429。第一大股东持股比例、前十大股东持股比例以及高管持股比例的均值分别为 18.443%，31.849%和 0.099%。18.2%的样本为国有控股上市公司，独立董事在董事会中平均占比 37.7%。两权分离指数和代理成本指数的均值分别为 4.892 与 0.175。总体来看，实地调研事件的超额累计收益（*CAR*［0，K］）为正，股价波动率（*VOL*［0，K］）为正。

表 5.5 主要变量描述性统计

变量	样本量	均值	方差	25%分位数	75%分位数
Tobin's Q	10 385	2.447	1.246	1.508	3.010
ROA	10 953	0.041	0.044	0.143	0.068
ROE	10 953	0.100	0.148	0.039	0.161
HOLD_VISIT	10 953	0.035	0.184	0.000	0.000
REVENUE	10 952	4 350.979	12 739.951	590.000	3 200.000
Leverage（%）	10 953	39.400	0.206	22.700	0.540
Growth	10 345	0.220	0.503	−0.009	0.309
List Years	10 825	9.429	6.740	4.000	14.000
SH 1（%）	10 836	18.443	16.347	4.943	29.323
SH 10（%）	10 836	31.849	20.550	15.450	47.642
Executive Holding（%）	10 946	0.099	0.157	0.000	0.142
SOE	10 483	0.182	0.386	0.000	0.000
Board	10 949	8.330	1.561	7.000	9.000
Independent Director	10 949	0.377	0.054	0.333	0.429
Separation（%）	10 652	4.892	7.543	0.000	8.242
Agency Cost	10 947	0.175	5.019	0.064	0.146
HPB	452	1.230	1.635	0.000	2.000
Stock Long	452	0.946	0.224	1	1
Ranking	452	5.969	2.516	4	8
CAR［0，2］	452	0.008	0.072	−0.027	0.030

续表

变量	样本量	均值	方差	25%分位数	75%分位数
CAR [0, 3]	452	0.008	0.083	-0.031	0.034
CAR [0, 7]	452	0.003	0.104	-0.047	0.043
VOL [0, 2]	452	0.032	0.024	0.014	0.045
VOL [0, 3]	452	0.034	0.022	0.017	0.045
VOL [0, 7]	452	0.035	0.020	0.021	0.046
CG Improvement	452	0.330	0.471	0.000	1.000
CG	452	0.544	0.499	0.000	1.000
CG_AbN	452	0.004	0.130	-0.092	0.070
CG_AbL	452	0.004	0.138	-0.086	0.057

二、中国私募证券投资基金持股上市公司的倾向性分析

表5.6为中国私募证券投资基金持股上市公司的倾向性分析结果，由此可以看出，究竟什么样的上市公司是私募证券投资基金的理想标的。通过回归分析发现，与海外对冲基金同行相同，中国私募证券投资基金持有的上市公司一般市值较小、增长率较低、杠杆率较高、分析师关注较少，与现有研究保持一致；与海外对冲基金同行截然相反的是，中国私募证券投资基金所选取公司的账面市值比较小、ROA较低，并且股权比较集中。同时，私募证券投资基金持股的上市公司聘请的外部审计师很少来自国际四大会计师事务所，而且研发投入比较少。因此，中国私募证券投资基金持股的倾向性是持有那些价值被低估，但公司治理有较大提升空间的上市公司。

三、中国私募证券投资基金持股后实地调研上市公司的倾向性分析

表5.7为私募证券投资基金持股后实地调研上市公司的倾向性分析结果。数据显示，民营企业以及盈利能力较强、股权集中、董事会规模大，以及独立董事占比高的企业更容易被实地调研。而资产负债率高、上市年数长以及两权分离度大的企业并不容易被私募证券投资基金实地调研。

表 5.6　中国私募证券投资基金持股上市公司的倾向性分析

变量	(1)	(2)	(3)	(4)	(5)	(6)	(7)	(8)	(9)	(10)	(11)	(12)	(13)
Size	−0.186*** (−3.66)	−0.242*** (−7.59)	−0.142*** (−8.30)	—	—	—	—	—	—	—	—	—	—
B/M	−0.079*** (−2.74)	−0.007 (−0.36)		−0.078*** (−4.80)	—	—	—	—	—	—	—	—	—
Growth	−0.137*** (−2.64)	−0.120*** (−4.12)	—	—	−0.200*** (−6.60)	—	—	—	—	—	—	—	—
ROA	−3.484*** (−5.22)	−3.165*** (−8.43)	—	—	—	−4.209*** (−12.55)	—	—	—	—	—	—	—
Leverage	0.848*** (4.62)	0.418*** (3.58)	—	—	—	—	0.379*** (3.93)	—	—	—	—	—	—
PPE	0.085** (2.52)	0.060*** (2.77)	—	—	—	—	—	−0.045*** (−3.43)	—	—	—	—	—
HHI	1.052*** (4.01)	0.719*** (3.66)	—	—	—	—	—	—	−0.094 (−0.51)	—	—	—	—
Big4	−0.322** (−2.35)	−0.451*** (−4.04)	—	—	—	—	—	—	—	−0.688*** (−6.47)	—	—	—

续表

变量	(1)	(2)	(3)	(4)	(5)	(6)	(7)	(8)	(9)	(10)	(11)	(12)	(13)
Duality	-0.008 (-0.13)	-0.085* (-1.72)	—	—	—	—	—	—	—	—	-0.075 (-1.58)	—	—
Analyst	-0.022*** (-5.64)	—	—	—	—	—	—	—	—	—	—	-0.043*** (-14.46)	—
R&D	-0.086*** (-3.86)	—	—	—	—	—	—	—	—	—	—	—	-0.149*** (-9.07)
Year Fixed Effect	Yes	Yes	Yes	Yes	Yes	Yes	Yes	Yes	Yes	Yes	Yes	Yes	Yes
Industry Fixed Effect	Yes	Yes	Yes	Yes	Yes	Yes	Yes	Yes	Yes	Yes	Yes	Yes	Yes
N	9 729	17 778	19 401	19 029	17 794	17 873	19 401	19 401	19 054	19 392	19 062	14 915	13 328
Pseudo R^2	0.071	0.065	0.053	0.049	0.047	0.055	0.049	0.049	0.047	0.051	0.047	0.058	0.053

注：t 值根据公司个体进行了聚类调整（cluster）和考虑了稳健标准误（robust）；***，**，* 表示在 1%，5%，10%的统计意义上显著。

表 5.7 中国私募证券投资基金持股之后实地调研上市公司的倾向性分析

	(1)	(2)	(3)	(4)	(5)	(6)	(7)	(8)	(9)	(10)	(11)
	滞后一期										
Revenue	0.017*** (3.90)	0.009*** (6.20)	—	—	—	—	—	—	—	—	—
Leverage	−0.029* (−2.05)	—	−0.023 (−1.56)	—	—	—	—	—	—	—	—
Growth	0.014*** (5.82)	—	—	0.019*** (5.30)	—	—	—	—	—	—	—
List Years	−0.023*** (−8.04)	—	—	—	−0.018*** (−6.84)	—	—	—	—	—	—
Share Holder 1st (%)	0.000* (1.77)	—	—	—	—	−0.000 (−1.46)	—	—	—	—	—
Executive Holding (%)	0.051 (1.74)	—	—	—	—	—	0.085*** (3.21)	—	—	—	—
SOE	−0.023*** (−3.37)	—	—	—	—	—	—	−0.023*** (−3.47)	—	—	—
Log (*Board*)	0.064*** (4.36)	—	—	—	—	—	—	—	0.025* (1.78)	—	—
Independent Director	0.180*** (3.06)	—	—	—	—	—	—	—	—	0.047 (0.87)	—

续表

	(1)	(2)	(3)	(4)	(5)	(6)	(7)	(8)	(9)	(10)	(11)
Separation	−0.001*** (−2.93)	—	—	—	—	—	—	—	—	—	−0.001*** (−4.64)
Year-FE	No	No	No	No	No	No	No	No	No	No	No
Industry-FE	Yes	Yes	Yes	Yes	Yes	Yes	Yes	Yes	Yes	Yes	Yes
N	5 255	5 993	5 995	5 603	5 932	5 941	5 990	5 748	5 993	5 993	5 850
Pseudo R^2	0.017	0.002	0.000	0.002	0.004	0.000	0.003	0.001	0.000	0.000	0.001

注：*t* 值根据公司个体进行了聚类调整（cluster）和考虑了稳健标准误（robust）；***，**，*表示在1%，5%，10%的统计意义上显著。

第六章　实证检验结果及分析

本章将对本书的实证检验结果进行总结，并对其进行分析和解释。具体包括中国私募证券投资基金实地调研“沟通”对公司股票市场估值的影响以及对公司实际经营行为的影响，“干预”威胁降低后实地调研“沟通”效果的变化，稳健性分析四个部分。其中，第一节检验研究假说 1 和研究假说 2 的前半部分（对公司股票市场估值）的影响；第二节检验研究假说 1 和研究假说 2 的后半部分（对公司实际经营行为）的影响；第三节检验研究假说 3 即“干预”威胁降低对“沟通”的影响；第四部分对研究结果的稳健性进行分析。

第一节　实地调研“沟通”对公司股票市场估值的影响

本节检验研究假说 1 和研究假说 2 的前半部分，即对公司股票市场估值的影响。

一、初步结果：混合效应面板和双重差分模型

首先，本书进行了混合效应面板回归检验，表 6.1 为回归结果。本书逐次增加控制变量个数，结果发现，私募证券投资基金能够通过实地调研的“柔性治理”行为提升企业价值。具体说，私募证券投资基金实地调研有助于公司 *Tobin's Q* 的提升，*Hold Visit* 对 *Tobin's Q* 的回归系数为 0.525，且在 1%的水平下显著为正，表明相对于没有私募证券投资基金实地调研的上市公司，有私募证券投资基金实地调研的上市公司可以显著提升 *Tobin's Q*。在控制变量方面，本书发现，公司的主营业务收入系数显著为负，可能是公司的成本费用占比较大；资产负债率系数显著为负，可能是由于资产负债率高的公司一般财务政策更为激进，其财务风险较高，并不利于企业价值的提升；成长能力系数显

著为正，成长能力更好的公司未来的发展前景更好，企业价值提升的可能性更大；第一大股东持股比例显著为正，可能是由于第一大股东持股比例越高，对于公司管理层的制约效果越好，更有利于提升企业价值；董事会规模系数显著为正，董事会规模越大对公司经营、股东权益等影响力越大，有利于企业价值的提升。

表 6.1　实地调研“沟通”对公司股票市场估值的影响（混合效应面板分析）

变量	(1) *Tobin's Q*	(2) *Tobin's Q*	(3) *Tobin's Q*	(4) *Tobin's Q*	(5) *Tobin's Q*
Hold Visit	**0.296***** **(4.99)**	**0.297***** **(5.00)**	**0.267***** **(4.42)**	**0.291***** **(4.86)**	**0.525***** **(6.39)**
Log（*Revenue*）	-0.337*** (-8.77)	-0.339*** (-8.59)	-0.361*** (-8.44)	-0.380*** (-9.07)	-0.465*** (-10.36)
Leverage	—	0.066 (0.40)	0.040 (0.23)	-0.108 (-0.63)	-0.543*** (-2.87)
Growth	—	—	0.035 (1.27)	0.039 (1.41)	0.141*** (4.65)
Log（*List Year*）	—	—	—	0.647*** (8.02)	0.111* (1.66)
Share Holder First	—	—	—	—	0.021*** (9.47)
Executive Holding（%）	—	—	—	—	-0.252 (-0.97)
SOE	—	—	—	—	0.014 (0.04)
Log（*Board*）	—	—	—	—	-0.459** (-2.11)
Independent Director	—	—	—	—	-0.971 (-1.51)
Separation	—	—	—	—	-0.006 (-1.42)
Year-FE	Yes	Yes	Yes	Yes	Yes

续表

变量	(1) *Tobin's Q*	(2) *Tobin's Q*	(3) *Tobin's Q*	(4) *Tobin's Q*	(5) *Tobin's Q*
Firm-FE	Yes	Yes	Yes	Yes	Yes
N	6 029	6 029	5 700	5 700	5 347
R^2	0. 404	0. 404	0. 419	0. 430	0. 119

注：*t* 值根据公司个体进行了聚类调整（cluster）和考虑了稳健标准误（robust）；***，**，*表示在1%，5%，10%的统计意义上显著。

其次，本书进行了倾向匹配得分法与双重差分模型的分析，表 6. 2 为回归结果。在控制了内生性与选择性偏差问题之后，结果发现，私募证券投资基金依然能够通过实地调研的“柔性治理”行为提升公司股票市场估值。

表 6. 2　实地调研“沟通”对公司股票市场估值的影响（双重差分模型）

变量	(1) *Tobin's Q*
Treat×After	**0. 124*** **(1. 76)**
After	-0. 038 (-0. 66)
Treat	-0. 015 (-0. 15)
Log（*Revenue*）	-0. 210*** (-3. 32)
Leverage	-0. 432 (-1. 31)
Growth	0. 051 (1. 18)
Log（*List Years*）	0. 023*** (10. 96)
Share Holder 1st（%）	0. 204 (0. 77)

续表

变量	(1) *Tobin's Q*
Executive Holding（%）	-1.245*** (-3.10)
SOE	0.477 (1.46)
Log（*Board*）	1.712* (1.83)
Independent Director	-0.017*** (-2.65)
Separation	0.124* (1.76)
Year-FE	Yes
Firm-FE	Yes
N	1 905
R^2	0.507

注：t 值根据公司个体进行了聚类调整（cluster）和考虑了稳健标准误（robust）；***，**，* 表示在1%，5%，10%的统计意义上显著。

因此，本书验证了研究假说1的前半部分：中国私募证券投资基金持股之后实地调研上市公司，能够通过“柔性治理”，即与管理层的面对面“沟通”提升公司的股票市场估值。

二、影响渠道：实地调研中的公司治理问题对估值的影响

在实地调研过程中，私募证券投资基金会与管理层就公司的各方面展开“沟通”，如公司生产经营、公司治理等内容。这一交流沟通的全过程会作为会议记录的一部分，披露在《投资者关系互动记录表》的投资者关系活动主要内容介绍部分中。具体说，这部分主要包括投资者提出问题的个数，以及所提问题与公司对于每个问题回应的全部内容。

由于时间有限，私募证券投资基金一般会与管理层沟通自身最为关注的问题，并希望通过提问引起公司对该问题的重视与获得相应的回应。除此之外，作为较为成熟的投资者，私募证券投资基金的专业能力与本身对公司情

况判断的敏锐程度都较高，可以就公司出现的具体问题给出专业建议。因此，对于实地调研问答环节所涉及的问题内容的检验具有现实意义。据此，本书将通过逐条手工整理与判断实地调研中的问答内容，将实地调研事件中涉及公司治理问题的样本标记出来，以此检验私募证券投资基金与管理层的“沟通”，是否在讨论公司治理问题时对公司价值的提升作用更为明显。

表 6.3 为根据实地调研过程中有无涉及公司治理问题的检验结果。本书分别将样本分为有公司治理提问与没有公司治理提问两组，在涉及公司治理提问的实地调研中，私募证券投资基金实地调研的“柔性治理”行为会对公司价值有正向的提升作用，影响系数为 0.225，且在 5%的水平上显著为正。

表 6.3　实地调研“沟通”对公司股票市场估值的影响（是否涉及公司治理问题）

变量	(1) *Tobin's Q* 涉及公司治理问题	(2) *Tobin's Q* 未涉及公司治理问题
Treat×After	**0.225**** **(2.28)**	**0.103** **(1.24)**
After	-0.106 (-1.57)	-0.035 (-0.56)
Treat	-0.039 (-0.21)	-0.012 (-0.12)
Log (*Revenue*)	-0.305*** (-4.24)	-0.254*** (-3.36)
Leverage	-0.662* (-1.66)	-0.404 (-1.14)
Growth	0.053 (1.07)	0.050 (0.98)
Log (*List Years*)	0.021*** (8.18)	0.024*** (11.30)
Share Holder 1st (%)	0.178 (0.52)	0.097 (0.28)

续表

变量	(1) *Tobin's Q* 涉及公司治理问题	(2) *Tobin's Q* 未涉及公司治理问题
Executive Holding (%)	-1.188*** (-2.97)	-1.239*** (-3.22)
SOE	0.565 (1.36)	0.069 (0.17)
Log (*Board*)	1.046 (0.89)	0.430 (0.41)
Independent Director	-0.022*** (-2.79)	-0.011 (-1.47)
Separation	0.225** (2.28)	0.103 (1.24)
Year-FE	Yes	Yes
Firm-FE	Yes	Yes
N	1 346	1 506
R^2	0.501	0.504

注：*t* 值根据公司个体进行了聚类调整（cluster）和考虑了稳健标准误（robust）；***，**，*表示在1%，5%，10%的统计意义上显著。分样本中系数差异的卡方统计量 *p* 值为0.050。

下面对私募证券投资基金实地调研"沟通"中是否出现公司治理问题，及其公司问题次数与公司治理问题文本篇幅等进行相应的实证检验。本书针对实证检验引入了实地调研事件中是否包含公司治理问题（*CG*，01变量）、公司治理问题出现的次数（*CG_AbN*）以及公司治理问题的文本长度（*CG_AbL*）三个新的变量。

表6.4为私募证券投资基金实地调研"沟通"中是否出现公司治理问题的影响因素实证结果，(1) 列至 (3) 列为在实地调研事件前一年公司总资产收益率（*ROA*）出现下降时，实地调研"沟通"中是否出现公司治理问题，及其次数与文本长度进行相应的实证检验结果。结果显示，当前一年公司的总资产收益率（*ROA*）情况较差时，下一年实地调研"沟通"中出现公司治理

相关问题的概率增加了 6%，并在 1%的水平上显著。其问题的次数与长度分别增长了 0. 3%与 0. 4%，均在 5%的水平上显著。（4）列至（6）列为在实地调研前一年公司 *Tobin's Q* 出现下降时，实地调研“沟通”中是否出现公司治理问题，及其次数与文本长度进行相应的实证检验结果。结果显示，当前一年公司的 *Tobin's Q* 情况较差时，下一年实地调研“沟通”中出现公司治理相关问题的概率增加了 37%，并在 5%的水平上显著。其问题的次数与长度分别增长了 1. 7%与 1. 7%，分别在 1%和 5%的水平上显著。上述检验结果说明，当公司价值下降时，私募证券投资基金会更关注于公司治理的问题，实地调研“沟通”过程中对于公司治理方面提问的概率、次数以及长度都会有显著增加。

表 6. 4　实地调研“沟通”涉及公司治理问题的影响因素

变量	(1) *CG*	(2) *CG_AbN*	(3) *CG_AbL*	(4) *CG*	(5) *CG_AbN*	(6) *CG_AbL*
ROA Reduction	**0. 060***** **(2. 76)**	**0. 003**** **(2. 20)**	**0. 004**** **(2. 22)**	—	—	—
TQ Reduction	—	—	—	**0. 370**** **(2. 57)**	**0. 017**** **(2. 08)**	**0. 017*** **(1. 96)**
Log（*Revenue*）	-0. 216 (-1. 49)	-0. 008 (-0. 94)	-0. 013 (-1. 52)	-0. 201 (-1. 28)	-0. 008 (-0. 88)	-0. 013 (-1. 51)
Leverage	-0. 257 (-0. 36)	0. 050 (1. 14)	0. 055 (1. 19)	-0. 767 (-0. 98)	0. 029 (0. 59)	0. 033 (0. 66)
Growth	0. 301 (1. 14)	0. 003 (0. 25)	-0. 002 (-0. 17)	0. 163 (0. 61)	0. 010 (0. 68)	0. 006 (0. 35)
Log（*List Year*）	-0. 004 (-0. 12)	-0. 000 (-0. 03)	0. 001 (0. 28)	-0. 009 (-0. 29)	-0. 000 (-0. 26)	-0. 000 (-0. 14)
Share Holder First	-0. 008 (-1. 12)	-0. 000 (-0. 73)	0. 000 (0. 25)	-0. 006 (-0. 84)	-0. 000 (-0. 52)	0. 000 (0. 37)
Executive Holding（%）	-0. 892 (-1. 27)	-0. 042 (-0. 85)	-0. 029 (-0. 58)	-1. 250* (-1. 66)	-0. 080* (-1. 69)	-0. 078* (-1. 67)

续表

变量	(1) CG	(2) CG_AbN	(3) CG_AbL	(4) CG	(5) CG_AbN	(6) CG_AbL
SOE	-0. 405 (-0. 90)	-0. 021 (-0. 62)	-0. 013 (-0. 37)	-0. 159 (-0. 33)	0. 001 (0. 03)	0. 012 (0. 37)
Log (*Board*)	0. 142 (1. 50)	0. 007 (1. 36)	0. 004 (0. 76)	0. 104 (1. 00)	0. 001 (0. 15)	-0. 001 (-0. 16)
Independent Director	4. 253 * (1. 78)	0. 305 ** (2. 05)	0. 177 (1. 03)	5. 161 ** (1. 99)	0. 259 * (1. 72)	0. 216 (1. 24)
Separation	0. 016 (0. 88)	-0. 000 (-0. 35)	0. 000 (0. 03)	0. 013 (0. 70)	-0. 000 (-0. 22)	0. 000 (0. 13)
Year-FE	Yes	Yes	Yes	Yes	Yes	Yes
Firm-FE	Yes	Yes	Yes	Yes	Yes	Yes
N	427	427	427	381	381	381
R^2	0. 068	0. 038	0. 031	0. 079	0. 060	0. 052

注：*t* 值根据公司个体进行了聚类调整（cluster）和考虑了稳健标准误（robust）；***，**，* 表示在 1%，5%，10%的统计意义上显著。

考察在实地调研中进行公司治理类别问题的提问是否会对投资者短期市场反应产生影响。表 6. 5 为上述分析的实证结果。由于公司需要在两个工作日内向市场披露实地调研事件，因此，本书分别选取了窗口期为 2 天、3 天和 7 天的市场累计超额收益率，并分别在（1）列至（3）列、（4）列至（6）列以及（7）列至（9）列进行报告。实证结果显示，市场对实地调研中出现公司治理提问有正向的反应，*CG* 对 *CAR* ［0，2］的回归系数为 0. 012，并在 10%水平上显著。而随着时间窗口的扩大，该回归系数数值增大且显著性上升，*CG* 对 *CAR* ［0，3］和 *CAR* ［0，7］的回归系数分别为 0. 018 和 0. 026，并分别在 5%和 1%水平上显著。实地调研中公司治理问题出现的次数与文本长度均与市场反应显著正相关。*CG_AbN* 对 *CAR* ［0，2］，*CAR* ［0，3］，*CAR* ［0，7］的回归系数分别为 0. 044，0. 077，0. 102，并分别在 5%，1%水平上显著。*CG_AbL* 对 *CAR* ［0，2］，*CAR* ［0，3］，*CAR* ［0，7］的回归系数分别为 0. 049，0. 078，0. 102，并分别在 10%，1%水平上显著。

表 6.5 实地调研中公司治理问题与上市公司短期市场反应（总体影响）

变量	(1)	(2) CAR [0, 2]	(3)	(4)	(5) CAR [0, 3]	(6)	(7)	(8) CAR [0, 7]	(9)
CG	**0.012*** (1.89)**	—	—	**0.018**** (2.44)**	—	—	**0.026***** (2.69)**	—	—
CG_AbN	—	**0.044**** (2.01)**	—	—	**0.077***** (3.15)**	—	—	**0.102***** (3.37)**	—
CG_AbL	—	—	**0.049*** (1.92)**	—	—	**0.078***** (3.01)**	—	—	**0.102***** (2.73)**
Log (*Revenue*)	−0.002 (−0.40)	−0.002 (−0.45)	−0.002 (−0.37)	0.002 (0.33)	0.001 (0.28)	0.002 (0.36)	0.004 (0.75)	0.004 (0.67)	0.004 (0.75)
Leverage	−0.018 (−0.87)	−0.021 (−1.02)	−0.021 (−1.03)	−0.025 (−1.04)	−0.030 (−1.25)	−0.031 (−1.26)	−0.047 (−1.39)	−0.053 (−1.59)	−0.054 (−1.60)
Growth	−0.006 (−0.78)	−0.005 (−0.70)	−0.005 (−0.66)	−0.012* (−1.65)	−0.011 (−1.55)	−0.011 (−1.49)	−0.020** (−2.29)	−0.019** (−2.17)	−0.018** (−2.09)
Log (*List Year*)	0.000 (0.32)	0.000 (0.30)	0.000 (0.27)	0.001 (0.58)	0.001 (0.56)	0.001 (0.52)	−0.000 (−0.10)	−0.000 (−0.13)	−0.000 (−0.18)
Share Holder First	0.000 (0.67)	0.000 (0.64)	0.000 (0.55)	0.000 (0.91)	0.000 (0.88)	0.000 (0.76)	0.000 (0.42)	0.000 (0.39)	0.000 (0.27)
Executive Holding (%)	−0.044* (−1.95)	−0.045** (−1.98)	−0.045** (−1.98)	−0.031 (−1.14)	−0.032 (−1.16)	−0.032 (−1.19)	−0.055 (−1.53)	−0.056 (−1.57)	−0.057 (−1.59)
SOE	−0.030*** (−2.82)	−0.030*** (−2.85)	−0.031*** (−2.83)	−0.038*** (−3.19)	−0.038*** (−3.18)	−0.038*** (−3.17)	−0.037** (−2.22)	−0.038** (−2.21)	−0.038** (−2.22)
Log (*Board*)	0.005 (1.39)	0.006 (1.37)	0.006 (1.38)	0.006 (1.44)	0.006 (1.40)	0.006 (1.43)	0.008* (1.69)	0.008* (1.65)	0.008* (1.69)
Independent Director	0.127 (1.01)	0.125 (0.97)	0.130 (1.00)	0.122 (1.02)	0.115 (0.94)	0.124 (1.01)	0.148 (1.14)	0.140 (1.05)	0.153 (1.13)
Separation	0.000 (0.68)	0.000 (0.79)	0.000 (0.78)	0.000 (0.23)	0.000 (0.39)	0.000 (0.35)	0.000 (0.57)	0.001 (0.75)	0.000 (0.70)
Year-FE	Yes	Yes	Yes	Yes	Yes	Yes	Yes	Yes	Yes

续表

变量	(1)	(2) CAR [0, 2]	(3)	(4)	(5) CAR [0, 3]	(6)	(7)	(8) CAR [0, 7]	(9)
Firm-FE	Yes	Yes	Yes	Yes	Yes	Yes	Yes	Yes	Yes
N	427	427	427	427	427	427	427	427	427
R^2	0.077	0.076	0.079	0.081	0.084	0.086	0.096	0.096	0.098

注：*t* 值根据公司个体进行了聚类调整（cluster）和考虑了稳健标准误（robust）；***，**，* 表示在1%，5%，10%的统计意义上显著。

尽管之前的检验显示，当公司价值下降时，实地调研“沟通”过程中对于公司治理方面提问的概率、次数以及长度都会有显著增加。然而，市场反应并未在实地调研事件披露后下降，反而有所上升。这说明市场对于私募证券投资基金与管理层“沟通”有着正面的预期，当公司治理问题得以被双方讨论时，这种沟通效果会更为显著。上述结果与博文等（Bowen et al.，2018）利用实地调研文本分析得到的结果类似。

市场反应是否会由于私募证券投资基金的持股时间、策略，以及在上市公司中股份占比排名而受影响，本书接下来引入持股时间（*HPB*）、股票多头策略（*Stock Long*，01 变量）以及股份比例排名（*Ranking*）三个新的变量，分别代表私募证券投资基金在实地调研前平均持股一家公司股票的时间，是否使用股票多头策略以及在被调研公司的股份比例排名。

表 6.6 报告了上述分析的实证结果。(1) 列至 (3) 列显示，*HPB×CG* 的交叉项对 *CAR* [0, 2] 和 *CAR* [0, 3] 的回归系数分别为 0.016 和 0.018，并分别在 5%和 10%水平上显著，说明私募证券投资基金平均持股时间越长，实地调研中出现公司治理提问对市场反应越显著。(4) 列至 (6) 列显示，*Stock Long×CG* 的交叉项对 *CAR* [0, 2]，*CAR* [0, 3]，*CAR* [0, 7] 的回归系数分别为 0.089，0.128，0.143，并分别在 5%，1%水平上显著，说明私募证券投资基金使用股票多头策略，实地调研“沟通”中出现公司治理提问对市场反应更显著。(7) 列至 (9) 列显示，*Ranking×CG* 的交叉项对 *CAR* [0, 2]，*CAR* [0, 3]，*CAR* [0, 7] 的回归系数分别为-0.006，-0.008，-0.009，并分别在 10%，5%水平上显著，说明私募证券投资基金在上市公司股份占比排名中越靠前，实地调研“沟通”中出现公司治理提问对市场反应影响越显著。

表 6.6 实地调研中公司治理问题与上市公司短期市场反应
(不同类型私募证券投资基金的影响)

变量	(1) CAR2 [0, 2]	(2) CAR3 [0, 3]	(3) CAR7 [0, 7]	(4) CAR2 [0, 2]	(5) CAR3 [0, 3]	(6) CAR7 [0, 7]	(7) CAR2 [0, 2]	(8) CAR3 [0, 3]	(9) CAR7 [0, 7]
HPB×CG	**0.016** (2.05)**	**0.018* (1.91)**	**0.013 (1.33)**	—	—	—	—	—	—
HPB	**0.008 (1.18)**	**0.009 (0.99)**	**0.013 (1.57)**	—	—	—	—	—	—
Stock Long ×CG	—	—	—	**0.089** (2.57)**	**0.128*** (2.98)**	**0.143** (2.54)**	—	—	—
Stock Long	—	—	—	**0.022 (1.41)**	**0.020 (1.06)**	**0.021 (0.84)**	—	—	—
Ranking×CG	—	—	—	—	—	—	**-0.006* (-1.82)**	**-0.008** (-2.12)**	**-0.009** (-2.00)**
Ranking	—	—	—	—	—	—	**0.003* (1.75)**	**0.005** (2.37)**	**0.007** (2.42)**
CG	-0.009 (-1.10)	-0.006 (-0.56)	0.007 (0.59)	-0.073** (-2.14)	-0.105** (-2.45)	-0.112** (-2.00)	0.047** (2.08)	0.065** (2.54)	0.079*** (2.61)
Log (*Revenue*)	0.005 (1.37)	0.008** (2.24)	0.011** (2.20)	-0.004 (-1.02)	-0.002 (-0.36)	0.001 (0.13)	-0.001 (-0.26)	0.003 (0.52)	0.006 (0.95)
Leverage	-0.006 (-0.34)	-0.012 (-0.60)	-0.033 (-1.02)	-0.008 (-0.43)	-0.013 (-0.58)	-0.034 (-1.04)	-0.023 (-1.10)	-0.031 (-1.28)	-0.053 (-1.55)
Growth	-0.008 (-1.24)	-0.015** (-2.59)	-0.022*** (-3.07)	-0.007 (-1.05)	-0.014** (-2.03)	-0.022*** (-2.64)	-0.006 (-0.77)	-0.013* (-1.71)	-0.021** (-2.48)
Log (*List Year*)	-0.001 (-1.61)	-0.001 (-1.23)	-0.002 (-1.56)	0.000 (0.24)	0.001 (0.49)	-0.000 (-0.20)	0.000 (0.20)	0.001 (0.51)	-0.000 (-0.09)
Share Holder First	0.000 (1.08)	0.000 (1.28)	0.000 (0.56)	0.000 (0.82)	0.000 (1.04)	0.000 (0.53)	0.000 (0.73)	0.000 (1.06)	0.000 (0.58)
Executive Holding (%)	-0.040** (-2.12)	-0.027 (-1.15)	-0.051 (-1.56)	-0.036* (-1.74)	-0.021 (-0.83)	-0.044 (-1.31)	-0.043* (-1.93)	-0.029 (-1.08)	-0.052 (-1.46)

续表

变量	(1) CAR2 [0, 2]	(2) CAR3 [0, 3]	(3) CAR7 [0, 7]	(4) CAR2 [0, 2]	(5) CAR3 [0, 3]	(6) CAR7 [0, 7]	(7) CAR2 [0, 2]	(8) CAR3 [0, 3]	(9) CAR7 [0, 7]
SOE	-0.023**	-0.030***	-0.030*	-0.026**	-0.032**	-0.031*	-0.031***	-0.041***	-0.043**
	(-2.40)	(-2.80)	(-1.80)	(-2.39)	(-2.55)	(-1.86)	(-2.76)	(-3.23)	(-2.39)
Log (Board)	0.003	0.003	0.006	0.005	0.006	0.008*	0.005	0.005	0.008
	(1.30)	(1.22)	(1.58)	(1.39)	(1.44)	(1.68)	(1.34)	(1.36)	(1.57)
Independent Director	0.009	-0.007	0.023	0.125	0.121	0.147	0.117	0.110	0.137
	(0.12)	(-0.09)	(0.24)	(1.03)	(1.07)	(1.18)	(0.94)	(0.93)	(1.06)
Separation	-0.000	-0.000	0.000	0.000	0.000	0.000	0.000	0.000	0.000
	(-0.00)	(-0.44)	(0.16)	(0.66)	(0.20)	(0.55)	(0.53)	(0.01)	(0.33)
Year-FE	Yes	Yes	Yes	Yes	Yes	Yes	Yes	Yes	Yes
Firm-FE	Yes	Yes	Yes	Yes	Yes	Yes	Yes	Yes	Yes
N	427	427	427	427	427	427	427	427	427
R^2	0.324	0.292	0.219	0.129	0.147	0.143	0.087	0.095	0.107

注：t 值根据公司个体进行了聚类调整（cluster）和考虑了稳健标准误（robust）；***，**，*表示在1%，5%，10%的统计意义上显著。

以上结果显示，当私募证券投资基金是长期价值投资者并且在公司中股份占比更高时，市场对其与管理层“沟通”的效果预期更好。

除了进行市场累计超额收益率的考察外，本书还就实地调研中进行公司治理类别问题的提问是否会对股价波动率产生影响进行了实证检验。

表 6.7 为上述分析的实证结果，这里分别选取了窗口期为 2 天、3 天和 7 天的股价波动率，并分别在（1）列至（3）列、（4）列至（6）列以及（7）列至（9）列进行报告。实证结果显示，股价波动率对实地调研中出现公司治理提问有正向的反应，*CG* 对 *VOL* [0, 2]，*VOL* [0, 3]，*VOL* [0, 7] 的回归系数分别为 0.004，0.003，0.005，并分别在 10%，1%水平上显著。实地调研中公司治理问题出现的次数与文本长度均与股价波动率显著正相关。*CG_AbN* 对 *VOL* [0, 2]，*VOL* [0, 3]，*VOL* [0, 7] 的回归系数分别为 0.018，0.016，0.11，并分别在 5%，10%水平上显著。*CG_AbL* 对 *VOL* [0, 2]，*VOL* [0, 3]，*VOL* [0, 7] 的回归系数分别为 0.019，0.018，0.013，并均在 5%水平上显著。

表 6.7　实地调研中公司治理问题与上市公司短期市场波动

变量	(1)	(2) VOL [0, 2]	(3)	(4)	(5) VOL [0, 3]	(6)	(7)	(8) VOL [0, 7]	(9)
CG	**0.004*** **(1.70)**	—	—	**0.003*** **(1.88)**	—	—	**0.005***** **(3.00)**	—	—
CG_AbN	—	**0.018**** **(2.04)**	—	—	**0.016**** **(2.22)**	—	—	**0.011*** **(1.89)**	—
CG_AbL	—	—	**0.019**** **(2.32)**	—	—	**0.018**** **(2.50)**	—	—	**0.013**** **(2.30)**
Log (*Revenue*)	−0.002* (−1.90)	−0.002* (−1.91)	−0.002* (−1.82)	−0.002** (−2.41)	−0.002** (−2.43)	−0.002** (−2.32)	−0.002*** (−2.82)	−0.003*** (−2.97)	−0.002*** (−2.87)
Leverage	0.000 (0.01)	−0.001 (−0.14)	−0.001 (−0.17)	−0.002 (−0.26)	−0.003 (−0.41)	−0.003 (−0.45)	0.001 (0.16)	−0.000 (−0.01)	−0.000 (−0.05)
Growth	0.001 (0.55)	0.001 (0.60)	0.002 (0.65)	0.001 (0.24)	0.001 (0.29)	0.001 (0.33)	0.000 (0.11)	0.000 (0.23)	0.001 (0.26)
Log (*List Year*)	−0.000 (−1.32)	−0.000 (−1.33)	−0.000 (−1.38)	−0.000 (−1.24)	−0.000 (−1.25)	−0.000 (−1.31)	−0.000** (−2.21)	−0.000** (−2.28)	−0.000** (−2.36)
Share Holder *First*	0.000 (1.10)	0.000 (1.11)	0.000 (1.01)	0.000 (0.49)	0.000 (0.49)	0.000 (0.39)	0.000 (1.62)	0.000 (1.54)	0.000 (1.46)
Executive *Holding* (%)	−0.011 (−1.43)	−0.011 (−1.43)	−0.011 (−1.44)	−0.008 (−1.17)	−0.008 (−1.16)	−0.008 (−1.18)	0.002 (0.35)	0.001 (0.25)	0.001 (0.24)
SOE	−0.005 (−1.21)	−0.005 (−1.19)	−0.005 (−1.21)	−0.004 (−1.18)	−0.004 (−1.16)	−0.004 (−1.17)	−0.004 (−1.52)	−0.004 (−1.59)	−0.004 (−1.59)
Log (*Board*)	−0.000 (−0.28)	−0.000 (−0.31)	−0.000 (−0.26)	−0.000 (−0.10)	−0.000 (−0.13)	−0.000 (−0.08)	0.000 (0.17)	0.000 (0.27)	0.000 (0.29)
Independent *Director*	0.009 (0.41)	0.007 (0.31)	0.008 (0.40)	0.023 (1.17)	0.021 (1.07)	0.022 (1.16)	0.026 (1.43)	0.027 (1.45)	0.028 (1.49)
Separation	0.000 (0.48)	0.000 (0.60)	0.000 (0.57)	0.000 (1.28)	0.000 (1.42)	0.000 (1.40)	0.000 (0.38)	0.000 (0.57)	0.000 (0.55)
Year-FE	Yes	Yes	Yes	Yes	Yes	Yes	Yes	Yes	Yes

续表

变量	(1)	(2) VOL [0, 2]	(3)	(4)	(5) VOL [0, 3]	(6)	(7)	(8) VOL [0, 7]	(9)
Firm-FE	Yes	Yes	Yes	Yes	Yes	Yes	Yes	Yes	Yes
N	427	427	427	427	427	427	427	427	427
R^2	0.162	0.165	0.168	0.249	0.252	0.256	0.417	0.408	0.412

注：t 值根据公司个体进行了聚类调整（cluster）和考虑了稳健标准误（robust）；***，**，* 表示在 1%，5%，10%的统计意义上显著。

总而言之，回归结果表明，实地调研中出现公司治理提问与市场超额收益率和股价波动性呈正相关，与本书先前的发现一致。

因此，本文验证了研究假说 2 的前半部分：中国私募证券投资基金持股之后实地调研上市公司时，是通过与管理层面对面“沟通”公司治理问题的渠道，提升了公司的股票市场估值。

第二节　实地调研“沟通”对公司实际经营行为的影响

本节检验研究假说 1 和研究假说 2 的后半部分，即实地调研对公司实际经营行为的影响。

一、实地调研涉及的公司治理问题是否得到改善

上面就实地调研中出现公司治理问题对市场反应的影响进行了实证检验，结果发现上述影响确实存在。市场对于私募证券投资基金进行“柔性治理”，即与管理层进行“沟通”有着正面的预期，当公司治理问题得以被双方讨论时，这种“沟通”效果会更为显著。然而，目前的检验结果尚不清楚这些提问是否会真实改善公司治理并提升公司绩效。因此，本节引入公司治理改善变量（*CG Improvement*，01 变量），即实地调研过程中提到的公司治理问题在事件发生后一年内得到改善（具体有：管理层任职、管理团队结构、股东与股权结构调整等）为 1，否则为 0。

表 6.8 为实证结果，（1）列显示 *CG* 对 *CG Improvement* 的回归系数为 0.589，且在 1%的水平上显著为正，表明实地调研中提到的相关治理问题确实

得到了改善，即私募证券投资基金进行的“柔性治理”行为真实改善了公司治理状况。（2）列和（3）列分别显示 *CG_AbN* 和 *CG_AbL* 对 *CG Improvement* 的回归系数分别为 1.928 和 3.031，且分别在 5%和 1%的水平上显著为正，说明实地调研中所提到的公司治理问题次数越多、篇幅越长，对公司治理问题的改善作用越明显。

表 6.8　实地调研涉及的公司治理问题是否得到改善

变量	(1) *CG Improvement*	(2) *CG Improvement*	(3) *CG Improvement*
CG	**0.589***** **(2.60)**	—	—
CG_AbN	—	**1.928**** **(2.44)**	—
CG_AbL	—	—	**3.031***** **(3.54)**
Log（*Revenue*）	0.057 (0.42)	0.049 (0.36)	0.074 (0.53)
Leverage	0.958 (1.42)	0.795 (1.19)	0.728 (1.07)
Growth	−0.148 (−0.67)	−0.118 (−0.52)	−0.104 (−0.47)
Log（*List Year*）	−0.013 (−0.46)	−0.014 (−0.49)	−0.017 (−0.59)
Share Holder First	−0.010 (−1.10)	−0.010 (−1.14)	−0.011 (−1.27)
Executive Holding（%）	−1.092 (−1.39)	−1.124 (−1.44)	−1.144 (−1.42)
SOE	−0.330 (−0.73)	−0.344 (−0.75)	−0.346 (−0.73)
Log（*Board*）	0.102 (1.14)	0.104 (1.18)	0.106 (1.19)
Independent Director	1.210 (0.61)	1.126 (0.56)	1.207 (0.58)

续表

变量	(1) CG Improvement	(2) CG Improvement	(3) CG Improvement
Separation	-0.020 (-1.24)	-0.018 (-1.09)	-0.019 (-1.10)
Year-FE	Yes	Yes	Yes
Firm-FE	Yes	Yes	Yes
N	423	423	423
R^2	0.057	0.054	0.072

注：*t* 值根据公司个体进行了聚类调整（cluster）和考虑了稳健标准误（robust）；***，**，*表示在1%，5%，10%的统计意义上显著。

二、实地调研之后公司实际经营行为是否有所改变

从整体结果而言，表6.9发现私募证券投资基金实地调研的“柔性治理”行为会改变公司财务绩效，而只有当涉及公司治理问题时才能真正起到作用；表6.10发现，私募证券投资基金实地调研的“柔性治理”并没有改变公司更多的投融资经营行为。

表6.9　实地调研“沟通”与公司实际经营行为（财务绩效）

变量	(1) ROA 全样本	(2) ROA 涉及公司治理问题	(3) ROA 未涉及公司治理问题	(4) ROE 全样本	(5) ROE 涉及公司治理问题	(6) ROE 未涉及公司治理问题
Treat×After	**0.006** ** **(2.06)**	**0.007** * **(1.89)**	**0.005** **(1.51)**	**0.018** ** **(2.05)**	**0.031** ** **(2.30)**	**0.009** **(0.92)**
After	0.006 *** (2.95)	0.005 ** (2.46)	0.004 * (1.85)	0.018 ** (2.53)	0.019 ** (2.53)	0.009 (1.34)
Treat	0.000 (0.10)	0.002 (0.38)	-0.001 (-0.38)	-0.002 (-0.15)	0.001 (0.04)	-0.005 (-0.36)
Log（*Revenue*）	0.023 *** (9.46)	0.019 *** (8.40)	0.025 *** (9.09)	0.055 *** (6.31)	0.051 *** (5.86)	0.056 *** (5.49)
Leverage	-0.100 *** (-9.44)	-0.105 *** (-9.52)	-0.092 *** (-8.26)	-0.286 *** (-6.82)	-0.293 *** (-5.54)	-0.274 *** (-6.07)

续表

变量	(1) ROA 全样本	(2) ROA 涉及公司 治理问题	(3) ROA 未涉及 公司治理问题	(4) ROE 全样本	(5) ROE 涉及公司 治理问题	(6) ROE 未涉及 公司治理问题
Growth	0. 010 *** (5. 93)	0. 010 *** (5. 87)	0. 010 *** (5. 41)	0. 045 *** (7. 92)	0. 048 *** (7. 41)	0. 045 *** (7. 45)
Log (*List Year*)	−0. 032 *** (−6. 02)	−0. 035 *** (−5. 27)	−0. 035 *** (−6. 44)	−0. 068 *** (−3. 71)	−0. 088 *** (−3. 58)	−0. 070 *** (−3. 62)
Share Holder First	0. 000 (0. 77)	0. 000 (0. 47)	0. 000 (0. 60)	0. 001 * (1. 87)	0. 001 * (1. 93)	0. 001 * (1. 75)
Executive Holding (%)	0. 023 ** (2. 46)	0. 028 ** (2. 37)	0. 026 *** (2. 68)	0. 024 (0. 78)	0. 045 (1. 12)	0. 024 (0. 83)
SOE	−0. 018 *** (−3. 62)	−0. 018 *** (−4. 19)	−0. 017 *** (−3. 07)	−0. 077 *** (−3. 19)	−0. 082 *** (−3. 49)	−0. 074 *** (−2. 76)
Log (*Board*)	0. 028 *** (3. 01)	0. 028 *** (2. 79)	0. 023 ** (2. 31)	0. 080 *** (2. 77)	0. 073 ** (2. 41)	0. 060 * (1. 79)
Independent Director	0. 051 * (1. 78)	0. 020 (0. 64)	0. 030 (0. 96)	0. 102 (0. 94)	−0. 026 (−0. 22)	0. 037 (0. 29)
Separation	−0. 000 (−0. 00)	−0. 000 (−1. 06)	0. 000 (0. 42)	0. 000 (0. 28)	−0. 000 (−0. 55)	0. 000 (0. 27)
Year-FE	Yes	Yes	Yes	Yes	Yes	Yes
Firm-FE	Yes	Yes	Yes	Yes	Yes	Yes
N	3 398	2 410	2 678	3 398	2 410	2 678
R^2	0. 241	0. 247	0. 264	0. 184	0. 191	0. 199

注：*t* 值根据公司个体进行了聚类调整（cluster）和考虑了稳健标准误（robust）；***，**，*表示在 1%，5%，10%的统计意义上显著。分样本中系数差异的卡方统计量 *p* 值为 0. 070 和 0. 068。

表 6. 10　实地调研“沟通”与公司实际经营行为（投融资行为）

变量	(1) *Cash*	(2) *CAPX*	(3) *R&D*	(4) *Intangibility*	(5) *Leverage*
Treat×After	**−0. 042** **(−0. 87)**	**0. 000 4** **(0. 03)**	**−0. 002** **(−1. 06)**	**−0. 005** **(−0. 24)**	**0. 003** **(0. 27)**
After	0. 036 (0. 89)	−0. 008 (−0. 93)	−0. 001 (−0. 50)	0. 018 (1. 19)	−0. 009 (−1. 33)

续表

变量	(1) *Cash*	(2) *CAPX*	(3) *R&D*	(4) *Intangibility*	(5) *Leverage*
Treat	0.023 (0.58)	0.001 (0.05)	0.001 (0.61)	0.001 (0.05)	-0.001 (-0.04)
Controls	Yes	Yes	Yes	Yes	Yes
Year-FE	Yes	Yes	Yes	Yes	Yes
Firm-FE	Yes	Yes	Yes	Yes	Yes
N	3 398	3 398	3 172	3 396	3 398
R^2	0.100	0.033	0.082	0.087	0.176

注：*t* 值根据公司个体进行了聚类调整（cluster）和考虑了稳健标准误（robust）；***，**，* 表示在 1%，5%，10%的统计意义上显著。

因此，本书验证了研究假说 1 和研究假说 2 的后半部分：中国私募证券投资基金持股之后实地调研上市公司，通过与管理层面对面“沟通”公司治理问题影响公司的实际经营行为；但是，这种“沟通”效果仅局限在影响公司治理进而提升公司财务绩效，并没有能够影响到公司更多的投融资经营行为。

第三节　“干预”威胁降低后实地调研“沟通”效果的变化

通过上述检验结果，本书发现中国私募证券投资基金实地调研“沟通”对公司股票市场估值，以及公司实际经营行为均会产生显著影响。本书将引入 2016 年中国私募证券投资基金行业监管改革的外生性事件，考察在“刚性治理”威胁降低的情况下，私募证券投资基金实地调研“柔性治理”效果的变化，即检验研究假说 3。

一、监管改革对公司股票市场估值的影响

本小节将重点检验三个问题：当对上市公司的“干预”威胁下降时，中国私募证券投资基金实地调研“沟通”对公司股票市场估值的影响变化；上

市公司股权集中度对上述结果的影响；上市公司自身代理问题对上述结果的影响。

（一）私募证券投资基金“干预”威胁降低

表6.11为混合效应面板分析的实证结果。与表6.1中的结果有所不同（*Hold Visit* 对 *Tobin's Q* 的回归系数为0.525，且在1%的水平上显著为正），在干预受限后，*Hold Visit×Post* 对 *Tobin's Q* 的回归系数为0.309，且在1%的水平上显著为负。这说明私募证券投资基金“干预”威胁降低之后，其“沟通”带来的价值被削弱了。

表6.11　“干预”威胁降低的混合效应面板分析

变量	(1) *Tobin's Q*	(2) *Tobin's Q*	(3) *Tobin's Q*	(4) *Tobin's Q*	(5) *Tobin's Q*
Hold Visit×Post	**−0.317***** **(−3.13)**	**−0.318***** **(−3.13)**	**−0.282***** **(−2.73)**	**−0.343***** **(−3.30)**	**−0.309***** **(−2.90)**
Post	0.118*** (2.91)	0.116*** (2.92)	0.084** (2.07)	−0.316*** (−5.11)	−0.254*** (−4.16)
Hold Visit	0.445*** (5.69)	0.446*** (5.70)	0.397*** (5.01)	0.450*** (5.66)	0.457*** (5.64)
Log（*Revenue*）	−0.335*** (−8.69)	−0.337*** (−8.51)	−0.357*** (−8.34)	−0.376*** (−8.96)	−0.335*** (−7.87)
Leverage	—	0.068 (0.41)	0.041 (0.24)	−0.110 (−0.65)	−0.261 (−1.51)
Growth	—	—	0.032 (1.16)	0.035 (1.28)	0.053* (1.94)
Log（*List Year*）	—	—	—	0.663*** (8.19)	0.395*** (4.89)
Share Holder First	—	—	—	—	0.021*** (11.61)
Executive Holding（%）	—	—	—	—	−0.284 (−1.34)
SOE	—	—	—	—	−0.087 (−0.23)

续表

变量	(1) *Tobin's Q*	(2) *Tobin's Q*	(3) *Tobin's Q*	(4) *Tobin's Q*	(5) *Tobin's Q*
Log（*Board*）	—	—	—	—	-0.250 (-1.35)
Independent Director	—	—	—	—	-0.253 (-0.48)
Separation	—	—	—	—	-0.001 (-0.21)
Year-FE	Yes	Yes	Yes	Yes	Yes
Firm-FE	Yes	Yes	Yes	Yes	Yes
N	6 029	6 029	5 700	5 700	5 347
R^2	0.405	0.405	0.420	0.432	0.473

注：*t* 值根据公司个体进行了聚类调整（cluster）和考虑了稳健标准误（robust）；***，**，* 表示在 1%，5%，10%的统计意义上显著。

继续采用三重差分模型对上述问题进行检验，具体为：第一重差分为实验组与对照组，即是否实地调研了上市公司，以 *Treat* 度量，实验组为 1，对照组为 0；第二重差分为实地调研事件发生前后，以 *After* 度量，实地调研事件前为 0，事件后为 1；第三重差分为 2016 年外生性事件发生前后，以 *Post* 度量，外生性事件发生前为 0，事件发生后为 1。

表 6.12 为引入三重差分后的实证结果。*Treat×After* 对 *Tobin's Q* 的回归系数为 0.271，且在 1%的水平上显著为正。这与之前的实证结果一致，说明私募证券投资基金实地调研"沟通"确实提升了公司价值。*Treat×After×Post* 对 *Tobin's Q* 的回归系数为 0.281，且在 1%的水平上显著为负。即私募证券投资基金"干预"威胁降低之后，其"沟通"带来的价值被削弱了。具体说，当私募证券投资基金对公司的"干预"能力受到限制时，私募证券投资基金对管理层的威胁将被削弱，双方之间"沟通"的机会与效力均会下降；相反的，如果私募证券投资基金具有较强的"干预"能力，对管理层的威胁更大，通过向管理层施加压力，私募证券投资基金能够选择低成本的"沟通"方式与管理层协商解决公司治理中出现的问题，双方"沟通"的机会与效力会上升。总结说，"沟通"与"干预"具有替代性，"沟通"在"干预"存在且威胁较

大时更有效，验证了莱维特（2020）的理论模型预期。

表 6.12 “干预”威胁降低的三重差分模型

变量	(1) *Tobin's Q*	(2) *Tobin's Q*	(3) *Tobin's Q*	(4) *Tobin's Q*	(5) *Tobin's Q*
Treat×After×Post	**−0.304**** **(−2.47)**	**−0.305**** **(−2.46)**	**−0.303**** **(−2.42)**	**−0.303**** **(−2.43)**	**−0.281**** **(−2.34)**
Treat×Post	−0.086 (−0.86)	−0.085 (−0.85)	−0.077 (−0.75)	−0.074 (−0.74)	−0.081 (−0.84)
After×Post	0.192** (2.30)	0.192** (2.31)	0.208** (2.48)	0.203** (2.44)	0.192** (2.32)
Treat×After	**0.250**** **(2.58)**	**0.250**** **(2.58)**	**0.238**** **(2.47)**	**0.242**** **(2.54)**	**0.271***** **(2.95)**
After	−0.051 (−0.74)	−0.050 (−0.73)	−0.056 (−0.82)	−0.073 (−1.06)	−0.094 (−1.40)
Treat	0.015 (0.17)	0.014 (0.17)	0.017 (0.21)	0.016 (0.19)	−0.007 (−0.10)
Post	−0.150* (−1.74)	−0.151* (−1.74)	−0.127 (−1.42)	−0.480*** (−4.32)	−0.381*** (−3.59)
Log（*Revenue*）	−0.161*** (−3.72)	−0.164*** (−3.53)	−0.212*** (−4.29)	−0.239*** (−4.73)	−0.187*** (−3.90)
Leverage	—	0.036 (0.17)	0.051 (0.23)	−0.092 (−0.40)	−0.367 (−1.60)
Growth	—	—	0.086** (2.25)	0.088** (2.23)	0.100*** (2.70)
Log（*List Years*）	—	—	—	0.534*** (5.11)	0.270*** (2.61)
*Share Holder*1st（%）	—	—	—	—	0.020*** (9.09)
Executive Holding（%）	—	—	—	—	0.157 (0.94)
SOE	—	—	—	—	−1.752*** (−3.12)

续表

变量	(1) Tobin's Q	(2) Tobin's Q	(3) Tobin's Q	(4) Tobin's Q	(5) Tobin's Q
Log（*Board*）	—	—	—	—	0.057 (0.23)
Independent Director	—	—	—	—	0.831 (1.07)
Separation	—	—	—	—	-0.009 ** (-2.40)
Year-FE	Yes	Yes	Yes	Yes	Yes
Firm-FE	Yes	Yes	Yes	Yes	Yes
N	3 328	3 328	3 303	3 303	3 276
R^2	0.432	0.432	0.438	0.444	0.481

注：*t* 值根据公司个体进行了聚类调整（cluster）和考虑了稳健标准误（robust）；***，**，*表示在1%，5%，10%的统计意义上显著。

（二）私募证券投资基金与其他股东的“沟通”能力

考察目标公司的股东结构对私募证券投资基金实地调研“柔性治理”效果的影响。本书使用第一大股东持股比例指标，即第一大股东持股份额在公司总股份中所占比重衡量股权集中度。并根据数据中位数区分，将现有样本分为股权集中度低组（表6.13第1列和第2列）和股权集中度高组（表6.13第3列和第4列）。

表6.13为实证结果。当股权集中度较低时，*Treat*×*After* 对 *Tobin's Q* 的回归系数为0.364，并在5%的水平上显著为正；而当股权集中度较高时，*Treat*×*After* 对 *Tobin's Q* 的回归系数为0.170且并不显著。这表明私募证券投资基金实地调研的沟通效果会受公司股权集中度影响。当股权集中度较低并且私募证券投资基金干预受限后，*Treat*×*After*×*Post* 对 *Tobin's Q* 的回归系数为0.558，并在1%的水平上显著为负。上述结果与莱维特（Levit，2019）的结论一致。具体说，私募证券投资基金通常不是公司的第一大股东，对公司实施直接“干预”的难度会受其他股东的影响。股权越分散，私募证券投资基金与其他股东的“沟通”达成一致意见的难度越大，即“干预”威胁降低，使得私募证券投资基金与管理层的“沟通”效果降低，验证了莱维特

（Levit，2019）的理论模型预期。

表 6.13 检验与其他股东"沟通"能力的三重差分模型

变量	(1) *Tobin's Q*	(2) *Tobin's Q*	(3) *Tobin's Q*	(4) *Tobin's Q*
Treat×After×Post	**-0.526***** **(-2.91)**	**-0.558***** **(-3.23)**	**-0.038** **(-0.20)**	**-0.004** **(-0.02)**
Treat×Post	0.042 (0.29)	0.114 (0.84)	-0.207 (-1.26)	-0.175 (-1.18)
After×Post	0.290** (2.43)	0.290*** (2.64)	0.136 (0.91)	0.157 (1.16)
Treat×After	**0.251*** **(1.71)**	**0.364**** **(2.49)**	**0.124** **(0.96)**	**0.170** **(1.40)**
After	0.007 (0.06)	-0.045 (-0.43)	-0.070 (-0.74)	-0.165* (-1.86)
Treat	0.050 (0.40)	-0.048 (-0.38)	0.038 (0.37)	-0.008 (-0.10)
Post	-0.552*** (-4.88)	-0.265 (-1.59)	-0.222 (-1.52)	-0.385** (-2.40)
Log（*Revenue*）	—	-0.298*** (-3.22)	—	-0.136** (-2.57)
Leverage	—	-0.659** (-2.14)	—	-0.175 (-0.68)
Growth	—	0.066 (1.14)	—	0.125** (2.58)
Log（*ListYears*）	—	-0.247 (-1.00)	—	0.138 (1.13)
Share Holder1^{st}（%）	—	0.012*** (2.97)	—	0.046*** (6.79)
Executive Holding（%）	—	0.398 (0.98)	—	-0.123 (-0.53)
SOE	—	-2.090*** (-11.27)	—	-0.872*** (-9.13)

续表

变量	(1) *Tobin's Q*	(2) *Tobin's Q*	(3) *Tobin's Q*	(4) *Tobin's Q*
Log (*Board*)	—	-0.721 (-1.52)	—	0.213 (0.68)
Independent Director	—	-0.740 (-0.62)	—	0.882 (0.81)
Separation	—	-0.012 ** (-2.54)	—	-0.008 (-1.35)
Year-FE	Yes	Yes	Yes	Yes
Firm-FE	Yes	Yes	Yes	Yes
N	1 680	1 674	1 648	1 602
R^2	0.441	0.483	0.420	0.482

注：*t* 值根据公司个体进行了聚类调整（cluster）和考虑了稳健标准误（robust）；***，**，* 表示在 1%，5%，10%的统计意义上显著。分样本中系数差异的卡方统计量 *p* 值为 0.031 和 0.058。

（三）目标公司代理成本变化分析

作为委托人和代理人之间信息不对称程度的重要指标，代理成本也将对本书的实证结果产生重大影响。本书利用公司管理费用与营业收入之比衡量代理成本（胡茜茜等，2018；杨德明和辛清泉，2006；Ang et al.，2000），并根据数据中位数区分，将现有样本分为高代理成本组（表 6.14 第（1）列和第（2）列）和低代理成本组（表 6.14 第（3）列和第（4）列）。

表 6.14 为实证结果显示，当代理成本较高时，*Treat*×*After* 对 *Tobin's Q* 的回归系数为 0.444，并在 1%的水平上显著为正；而当代理成本较低时，*Treat*×*After* 对 *Tobin's Q* 的回归系数为-0.18 且并不显著。上述结果表明，仅当代理成本相对较高时，私募证券投资基金实地调研“沟通”能够显著提升公司价值。当代理成本较高时并且私募证券投资基金“干预”威胁降低之后，*Treat*×*After*×*Post* 对 *Tobin's Q* 的回归系数为 0.396，并在 1%的水平上显著为负。表明在 2016 年私募证券投资基金“干预”受到限制之后，与代理成本较低的公司相比，代理成本较高的公司中“沟通”的效果被显著削弱了。这与莱维特（2020）的结论一致，即当股东与管理层之间的信息不对称程度很高时，且采

取直接“干预”的威胁变得不那么令人信服，“沟通”的效力会进一步被削弱。因此，在私募证券投资基金的“干预”受到限制后，具有高代理成本的公司管理层更有动机进行自利行为，加剧信息不对称问题并以此降低双方的“沟通”效率，从而损害公司价值。

表 6.14　目标公司代理成本变化的三重差分模型

变量	(1) *Tobin's Q*	(2) *Tobin's Q*	(3) *Tobin's Q*	(4) *Tobin's Q*
Treat×After×Post	**−0.463**** **(−2.32)**	**−0.396**** **(−2.02)**	**−0.136** **(−0.94)**	**−0.180** **(−1.29)**
Treat×Post	−0.045 (−0.27)	−0.060 (−0.38)	−0.096 (−0.81)	−0.031 (−0.28)
After×Post	0.328** (2.29)	0.325** (2.30)	0.049 (0.51)	0.081 (0.86)
Treat×After	**0.455***** **(2.99)**	**0.444***** **(2.93)**	**0.073** **(0.62)**	**0.155** **(1.35)**
After	−0.210* (−1.77)	−0.251** (−2.08)	0.078 (1.05)	0.016 (0.22)
Treat	−0.059 (−0.49)	−0.068 (−0.68)	0.046 (0.37)	−0.014 (−0.11)
Post	−0.340** (−2.49)	−0.495*** (−2.73)	−0.111 (−1.17)	−0.289** (−1.98)
Log (*Revenue*)	—	−0.180* (−1.92)	—	−0.186** (−2.24)
Leverage	—	0.066 (0.21)	—	−0.787** (−2.27)
Growth	—	0.089 (1.51)	—	0.032 (0.71)
Log (*List Years*)	—	0.243 (1.49)	—	0.387*** (2.75)
Share Holder1^{st} (%)	—	0.020*** (5.48)	—	0.017*** (6.01)

续表

变量	(1) *Tobin's Q*	(2) *Tobin's Q*	(3) *Tobin's Q*	(4) *Tobin's Q*
Executive Holding (%)	—	-0.024 (-0.11)	—	0.319 (1.07)
Log (*Board*)	—	0.128 (0.38)	—	-0.015 (-0.04)
Independent Director	—	1.303 (1.11)	—	0.946 (0.96)
Separation	—	-0.013* (-1.93)	—	-0.009* (-1.69)
Year-FE	Yes	Yes	Yes	Yes
Firm-FE	Yes	Yes	Yes	Yes
N	1 659	1 622	1 669	1 654
R^2	0.516	0.557	0.386	0.444

注：*t* 值根据公司个体进行了聚类调整（cluster）和考虑了稳健标准误（robust）；***，**，* 表示在1%，5%，10%的统计意义上显著。分样本中系数差异的卡方统计量 *p* 值为0.052和0.043。

二、监管改革对公司实际经营行为的影响

从整体结果而言，通过表6.15发现，监管改革后，私募证券投资基金实地调研"柔性治理"改变公司财务绩效的效果会减弱；通过表6.16发现，监管改革之后，私募证券投资基金实地调研"沟通"依然没有改变公司投融资经营行为。

表6.15　实地调研"沟通"与公司实际经营行为（财务绩效，监管改革后）

变量	(1) *ROA*	(2) *ROE*
Treat×After×Post	**-0.010**** **(-2.20)**	**-0.023*** **(-1.67)**
Treat×Post	-0.002 (-0.61)	-0.006 (-0.49)

续表

变量	(1) *ROA*	(2) *ROE*
After×Post	0.006* (1.78)	0.013 (1.24)
Treat×After	**0.007**** **(2.09)**	**0.019*** **(1.93)**
After	-0.000 (-0.07)	0.002 (0.27)
Treat	0.001 (0.45)	0.001 (0.08)
Post	-0.005 (-0.99)	-0.026 (-1.54)
Controls	Yes	Yes
Year-FE	Yes	Yes
Firm-FE	Yes	Yes
N	3 398	3 398
R^2	0.254	0.197

注：*t* 值根据公司个体进行了聚类调整（cluster）和考虑了稳健标准误（robust）；***，**，*表示在1%，5%，10%的统计意义上显著。

表 6.16　实地调研“沟通”与公司实际经营行为（投融资行为，监管改革后）

	(1) *Cash*	(2) *CAPX*	(3) *R&D*	(4) *Intangibility*	(5) *Leverage*
Treat×After×Post	0.064 (0.98)	-0.026 (-0.82)	-0.006 (-0.96)	-0.040 (-1.02)	0.010 (0.54)
Treat×Post	-0.057 (-0.89)	0.006 (0.17)	0.003 (0.57)	0.029 (1.54)	-0.018 (-1.09)
After×Post	-0.070 (-1.45)	-0.011 (-0.61)	-0.000 (-0.05)	0.009 (0.79)	0.003 (0.22)
Treat×After	-0.055 (-1.21)	0.018 (1.18)	0.000 (0.15)	0.008 (0.46)	0.007 (0.60)

续表

	(1) *Cash*	(2) *CAPX*	(3) *R&D*	(4) *Intangibility*	(5) *Leverage*
After	0. 057 (1. 30)	-0. 008 (-0. 95)	-0. 001 (-0. 43)	0. 015 (1. 08)	-0. 014 (-1. 48)
Treat	0. 032 (0. 77)	-0. 001 (-0. 08)	0. 001 (0. 33)	-0. 004 (-0. 26)	0. 002 (0. 13)
Post	0. 093 (1. 14)	0. 035 (1. 30)	0. 015 *** (3. 22)	0. 075 (1. 58)	-0. 049 ** (-2. 56)
Controls	Yes	Yes	Yes	Yes	Yes
Year-FE	Yes	Yes	Yes	Yes	Yes
Firm-FE	Yes	Yes	Yes	Yes	Yes
N	3 398	3 398	3 172	3 396	3 398
R^2	0. 101	0. 035	0. 083	0. 088	0. 177

注：*t* 值根据公司个体进行了聚类调整（cluster）和考虑了稳健标准误（robust）；***，**，*表示在 1%，5%，10%的统计意义上显著。

因此，本书验证了研究假说 3：监管改革（“干预”威胁降低）之后，中国私募证券投资基金持股之后实地调研上市公司时，与管理层面对面“沟通”提升公司股票市场估值和影响公司实际经营行为的效果会减弱，并且这种影响在股权集中度较低或代理成本较高的公司中更为明显。

第四节　稳健性分析

一、异质性机构投资者的影响

如前文所述，不同类型的机构投资者由于其投资目标、投资限制、激励机制等存在着明显的差异，因此实际的投资行为也有着较大的差异，将直接体现在其对于目标公司的影响差异中（杨海燕等，2012）。尤其是采用不同资产管理模式的机构投资者，选择“主动”“被动”的行为初衷会对目标公司的公司治理产生直接的影响。已有文献证实，只有采用“主动管理”的机构投资者才会对公司治理产生显著影响，“被动管理”的机构投资者大多选择“用脚投票”，价值创造能力较弱（唐跃军和宋渊洋，2010）。

具体到机构投资者实地调研行为，除了本书专门研究的私募证券投资基金外，参与实地调研活动的还有其他机构投资者。本书选取其中的公募基金实地调研数据，代替私募证券投资基金的主要变量，进行主要结果的检验，发现公募基金进行的实地调研并没有显著提升公司价值与改善公司治理问题。这说明异质性投资者对于公司治理的影响差异确实存在，且体现在“沟通”的效果中。

二、其他实地调研参与者的影响

由于“沟通”主要发生在实地调研的参与者之间，因此，具体的参与人员对于“沟通”的效果也会有一定影响。本书分别对实地调研中除私募证券投资基金以外的其他不同类型机构投资者与市场主体，以及实地调研中进行接待的不同职位等级的管理层进行了稳健性检验，以此分析不同人员参与实地调研可能对“沟通”效果产生的影响。

首先，进行了其他机构投资者或市场参与主体影响的稳健性检验。尽管大多采用“被动管理”的资产管理模式，公募基金仍旧可能通过参与实地调研进行信息挖掘，并且通过实地调研中所获得的信息优势进行交易获利（孔东民等，2015），进而影响公司的市场价值。与此同时，分析师作为参与上市公司实地调研的重要人员之一，能够通过实地调研事件影响公司的信息透明度，从而影响到公司的市场价值。因此，本书将公募基金与分析师是否参与实地调研作为控制变量加入实证检验中，发现本书的主要结论并未发生变化。

其次，进行了实地调研中不同职位等级管理层影响的稳健性检验。参照刘等（Liu et al.，2017），本节通过整理《投资者关系活动记录表》中所记录的实地调研“上市公司接待人员姓名”信息，将参与实地调研的管理层分为“核心管理层”（包括总经理、董事长、财务总监）和“非核心管理层”（如董事会秘书、证券事务代表等），并以此对本书的主要结果进行分样本检验，发现有“核心管理层”参与的实地调研“沟通”的效果更为显著，说明私募证券投资基金与上市公司核心管理层的面对面“沟通”更有价值。

三、实地调研发生时机的影响

实地调研发生时机决定私募证券投资基金关心问题的次序，其中最主要的是控制盈余公告事件影响。

参照权小锋和吴世农（2010）、刘等（Liu et al.，2017）的研究，在盈余公告前的实地调研行为可能是出于投资者的信息收集需要，以及管理层的择机偏好，本书所发现的公司市场价值等变化可能是由上述原因带来的。机构投资者一般能够较早解读公司的会计盈余信息，并且据此进行相应的投资决策。因此，在盈余公告前的实地调研行为可能更多的是出于信息收集的动机。不仅如此，已有研究证实，管理层会择机披露盈余公告，投资者关注度越高，相应的盈余公告效应越明显。因此，在盈余公告前组织进行的实地调研行为也可能是出于增加投资者关注以及信息披露的需要。

为排除上述原因可能带来的影响，本节对实地调研事件发生后两个月内有公司盈余公告的样本进行了剔除，并以此进行了检验，发现本节的主要结论并没有明显变化。

四、内生性问题

本节选取工具变量进行相应的稳健性检验。

首先，选取私募证券投资基金公司总部与上市公司总部之间的地理距离为工具变量。一方面，地理距离会影响私募证券投资基金实地到访上市公司的行为，进而影响与管理层进行“沟通”；另一方面，地理距离不受公司价值等变量的影响，因此本书认为，地理距离是一个较为合格的工具变量。本节参照孔东民等（2015），通过在电子地图上标注两地经纬度的方法计算得到地理距离。

其次，选取了私募证券投资基金公司总部到达上市公司总部之间的高铁数量作为工具变量。一方面，与地理距离有所区别，高铁的开通能够缩短两地之间的物理距离，即高铁数量会影响私募证券投资基金实地到访上市公司的便捷程度，从而影响其“沟通”行为；另一方面，高铁数量并不受公司价值等变量的影响，因此本书认为，高铁数量是一个较为合格的工具变量。由于部分私募证券投资基金总部与上市公司总部位于同一个城市，本节对上述样本进行了剔除，仅保留不同城市的观测值。具体的高铁数量主要基于携程旅行网手工搜集得到。

对上述两个工具变量分别进行 2SLS 检验，结果发现，无论使用何种工具变量，主要结论都未发生变化。

除此之外，在DD模型和DDD模型检验中，改变了实地调研前后的时间窗口；进一步控制了会计稳健性、是否是融资融券标的、媒体关注程度、股价崩盘风险、信息披露质量等控制变量；增加了安慰剂检验模型。同时在采用倾向匹配得分法（PSM）时，使用了同年同行业的样本，并且依次按照多变量匹配而非降维到回归数值的方法，结论均与主效应分析一致。

五、变量度量问题

一是私募证券投资基金的稳健性检验。从私募证券投资基金的持股市值、比例、界限与时间等视角做检验，不再局限于私募证券投资基金持股进入前十大股东作为其影响公司治理的界限，又分别将持股3%和5%作为界限分析；将私募证券投资基金实地调研次数作为新的解释变量，主效应结论一致。

二是有关公司治理重视程度衡量方法的稳健性检验。由于私募证券投资基金与管理层之间“沟通”公司治理问题，是有问有答、双向、动态的交流过程，其中蕴含着丰富的信息。因此，进一步度量了实地调研中私募证券投资基金对于公司治理的重视程度的关键指标。具体而言，在私募证券投资基金与管理层之间“沟通”公司治理问题的语料库基础上，使用深度学习的卷积神经网络（CNN）和Word2vec模型嵌套将单模态的词义拓展到多模态的词义、语义、形态、句法、语篇（Ben-Rephael et al.，2017），生成私募证券投资基金对于公司治理的重视程度的核心变量，主要结论并未发生实质性变化。

三是控制了市场层面变量影响的稳健性检验。依次控制了牛熊市、投资者情绪、私募证券投资基金行业整体发行规模增速等因素，主效应结论一致。

四是市场反应度量的稳健性检验。将实地调研事件前的市场信息也包括在内，分别计算了 *CAR*［-2，+2］，*CAR*［-3，+3］，*CAR*［-7，+7］，*VOL*［-2，+2］，*VOL*［-3，+3］，*VOL*［-7，+7］等事件窗口期；同时采用法玛—法兰奇三因子模型、卡哈特（Carhart，1997）四因子模型估计正常收益等，主要结论均未发生实质性变化。

第七章　总结

本章总结全书内容，分成两个部分：研究结论与启示，局限与未来研究方向。

第一节　研究结论与启示

一、研究结论

本节以 2013 年到 2018 年中国私募证券投资基金持股之后实地调研上市公司作为研究对象，结合 2016 年私募证券投资基金行业监管改革的外生性事件，研究了私募证券投资基金与上市公司管理层之间的“柔性治理”行为是否具有治理效果。基本研究结论如下：

中国私募证券投资基金持股之后实地调研上市公司时，通过与管理层面对面“沟通”公司治理问题，提升了目标公司股票市场估值和财务绩效。当 2016 年监管改革之后，即私募证券投资基金对上市公司的“干预”威胁降低时，这种“沟通”效果大打折扣，特别是在股权分散或代理问题严重的公司中。与此同时，私募证券投资基金与管理层的“沟通”效果，局限在影响公司治理进而提升公司财务绩效层面，并没有能够影响到公司更多的实际投融资经营行为。

（一）“柔性治理”的经济后果检验

本书以中国私募证券投资基金持股之后实地调研上市公司为研究事件，综合实地调研数据、上市公司财务数据等，运用倾向匹配得分法（PSM）和双重差分法（DID）构建实证模型，以此检验了私募证券投资基金持股之后实地调研中，与管理层进行面对面“沟通”的经济后果。研究发现，相对于直接“干预”，私募证券投资基金能够通过实地调研的面对面“沟通”方式，向公司更有效率地传递有价值的信息，使得目标公司的股票市场估值以及公司的实际经营行为均得到有效提升与改善。

（二）“柔性治理”的渠道检验（公司治理问题）

在分析私募证券投资基金实地调研“沟通”的经济后果基础上，本书利用上市公司实地调研披露的《投资者关系互动记录表》中的投资者关系活动主要内容，对其中上市公司与投资者在实地调研中问答的具体内容与问题分类进行了手工整理。据此，本书综合实地调研有关公司治理提问的数据，运用倾向匹配得分法（PSM）和双重差分法（DID）构建实证模型，以此检验了私募证券投资基金持股之后实地调研上市公司时，是否通过与管理层面对面“沟通”公司治理问题的渠道，提升公司的股票市场估值和影响公司实际经营行为。研究发现，市场对于私募证券投资基金与管理层“沟通”有着正面的预期，当公司治理问题得以被双方讨论时，这种效果更为显著。不仅如此，面对面“沟通”公司治理问题也会影响公司的实际经营行为。但是，这种“沟通”效果仅局限在影响公司治理进而提升公司财务绩效上，并不能影响公司更多的投融资经营行为。

（三）“刚性治理”威胁降低对“柔性治理”效果的影响检验

本书对莱维特（2019，2020）理论模型提出的研究结论进行了实证的分析与检验。即利用 2016 年的监管改革外生性事件，考察私募证券投资基金对上市公司“干预”威胁显著降低后，对上市公司持股后实地调研的“沟通”效果是否有所变化。据此，本书运用三重差分法（DDD）构建实证模型，研究发现，当私募证券投资基金的“干预”威胁降低时，其持股之后实地调研与管理层“沟通”的效果会大打折扣。在进一步的检验中发现，当股权分散以及公司代理问题较为严重时，私募证券投资基金与管理层的“沟通”效果会进一步降低。

二、研究启示

本书的研究为中国私募证券投资基金持股之后实地调研的“柔性治理”的行为动机、影响机制、影响结果等方面，提供了理论与实证的参考，还为莱维特（2019，2020）提出的理论模型提供了直接的实证证据，验证了“沟通”与“干预”之间存在的替代而非补充关系。根据上述结论，可总结出以下几点启示：

（1）上市公司实地调研活动作为投资者关系活动中的重要一环，对金融市场的影响不容忽视。对于机构投资者而言，实地调研活动是获取公司信息、与管理层进行有效“柔性治理”的重要机会。尤其是当机构投资者需要行使股东积极主义行为时，相较于直接“干预”或直接“用脚投票”，与管理层的面对面“沟通”能达到的公司治理效果可能更好。鉴于此，政府监管机构应当更好地开发上市公司实地调研的平台，为机构投资者积极参与公司治理提供更多机会，以此推动整体上市企业质量的提升。如何在全市场中制定一套完善与健全的上市公司实地调研监管与信息披露制度，或许是未来监管的一个方向。

（2）本书发现了私募证券投资基金通过持股后实地调研上市公司，即与管理层面对面“沟通”能够显著影响公司市场估值与公司财务绩效。然而，这种影响主要是通过“沟通”公司治理问题实现的，并且这种“沟通”效果仅局限在影响公司治理进而提升公司财务绩效层面，并不能影响更多的公司投融资经营行为。因此，实地调研的作用不可被过分夸大，机构投资者在与公司管理层“沟通”中应该遵守相关的制度规定，防止出现选择性披露或“过度调研”的行为发生。

第二节　研究局限与未来研究方向

一、研究局限

尽管本书着力进行严谨的实证分析，但研究的局限难免存在，主要问题有三个。

（1）由于上海证券交易所还未建立一套完整的上市公司实地调研信息披露制度体系，因此，本书的研究样本仅在深圳证券交易所上市公司中进行选择。

（2）上市公司实地调研披露的《投资者关系互动记录表》中投资者关系活动主要内容，并未标明上市公司与投资者在实地调研中是何人进行提问与回答。由于参与实地调研的投资机构人员组成较为复杂，不同机构之间是否会产生对公司问题判断、预测影响的不同结论并不可知。

（3）本书所采用的控制变量大多是公司层面，由于实地调研活动主要牵涉个体之间的互动，应当将参与调研的基金经理或管理层的个人特征加入实证模型中来。由于数据缺失较多，本书还未进行相关检验。

二、未来研究方向

在未来的研究中，还存在能够继续探索的三个方面。

（1）本书针对实地调研的投资者关系活动的主要内容，目前仅进行了问答内容的手工整理工作。由于实地调研中的问答内容非常丰富，未来可以利用如文本分析、音频图像处理等方法进行更深入的分析。

（2）参与实地调研的机构投资者众多，私募证券投资基金在此过程中或许不仅与公司管理层进行“沟通”，其与其他机构投资者之间的“沟通”或许也能以某种渠道对公司产生影响。

（3）目前进行的研究仅从对目标公司影响的角度进行分析，实地调研作为一种“沟通”方式，势必对私募证券投资基金本身也会产生影响。

参考文献

[1] 艾洪德，刘聪．基金经理个人特征与基金投资风格［J］．财贸经济，2008（12）：26-31.

[2] 卜君，孙光国．投资者实地调研与上市公司违规：作用机制与效果检验［J］．会计研究，2020（5）：30-47.

[3] 蔡庆丰，宋友勇．超常规发展的机构投资者能稳定市场吗?：对我国基金业跨越式发展的反思［J］．经济研究，2010，45（1）：90-101.

[4] 曹丰，鲁冰，李争光，等．机构投资者降低了股价崩盘风险吗?［J］．会计研究，2015（11）：55-61，97.

[5] 曹新伟，洪剑峭，贾琬娇．分析师实地调研与资本市场信息效率：基于股价同步性的研究［J］．经济管理，2015（8）：114-150.

[6] 陈道轮，陈强，徐信喆，等．融资融券和股指期货催生了中国真正的“对冲基金”吗?［J］．财经研究，2014（9）：73-85.

[7] 陈道轮，陈欣，陈工孟，等．阳光私募基金经理具有卓越的投资能力吗?［J］．财经研究，2013（12）：85-99.

[8] 陈冬，唐建新．机构投资者持股、避税寻租与企业价值［J］．经济评论，2013（6）：133-143.

[9] 陈国进，张贻军，刘淳．机构投资者是股市暴涨暴跌的助推器吗?：来自上海A股市场的经验证据［J］．金融研究，2010（11）：45-59.

[10] 程书强．机构投资者持仓与上市公司会计盈余信息关系实证研究［J］．管理世界，2006（9）：129-136.

[11] 董永琦．基金公司实地调研的价值效应研究［D］．广州：华南理工大学，2019.

[12] 董永琦，宋光辉．基金公司实地调研：信息挖掘还是走马观花?［J］．中南财经政法大学学报，2018（5）：114-122.

[13] 傅祥斐，崔永梅，李昊洋，等．机构投资者调研、信息披露质量与并购公告市场反应［J］．软科学，2019（8）：1-13.

[14] 巩云华，姜金蝉．中国私募证券基金投资行为与市场波动的实证分析：以“阳

光私募”为例［J］. 中央财经大学学报，2012（12）：35-39.

［15］郭白滢，李瑾. 机构投资者信息共享与股价同步性：基于社会关系网络的分析［J］. 金融经济学研究，2018，33（4）：87-97.

［16］胡宏蛟. 对冲基金积极主义与公司治理文献综述［J］. 时代金融，2014（2）：182-183.

［17］胡茜茜，朱永祥，杜勇. 网络环境下中小股东的治理效应研究：基于代理成本视角［J］. 财经研究，2018（5），109-120.

［18］孔东民，刘莎莎，陈小林，等. 个体沟通、交易行为与信息优势：基于共同基金访问的证据［J］. 经济研究，2015（11）：106-182.

［19］李昊洋，程小可，姚立杰. 机构投资者调研抑制了公司避税行为吗?：基于信息披露水平中介效应的分析［J］. 会计研究，2018（9）：56-63.

［20］李红权，马超群. 中国证券投资基金产品绩效评价的理论与实证研究［J］. 财经研究，2004（7）：56-65.

［21］李路，王辰烨，赵邵. 关于完善我国私募证券投资基金公司治理结构的分析与建议［R］. 上海：中国金融期货交易所，2019.

［22］李维安，李滨. 机构投资者介入公司治理效果的实证研究：基于 CCGINK 的经验研究［J］. 南开管理评论，2008，58（1）：4-14.

［23］李维安，齐鲁骏. 公司治理中的社会网络研究：基于科学计量学的中外文献比较［J］. 外国经济与管理，2017（1）：68-83.

［24］李维安，齐鲁骏，丁振松. 兼听则明，偏信则暗：基金网络对公司投资效率的信息效应［J］. 经济管理，2017（10）：44-61.

［25］刘星，吴先聪. 机构投资者异质性、企业产权与公司绩效：基于股权分置改革前后的比较分析［J］. 中国管理科学，2011，19（5）：182-192.

［26］刘志远，花贵如. 政府控制、机构投资者持股与投资者权益保护［J］. 财经研究，2009（4）：119-130.

［27］娄伟. 基金持股与上市公司业绩相关性的实证研究［J］. 上海经济研究，2002（6）：58-62.

［28］逯东，余渡，杨丹. 财务报告可读性、投资者实地调研与对冲策略［J］. 会计研究，2019（10）：34-41.

［29］梅洁，张明泽. 基金主导了机构投资者对上市公司盈余管理的治理作用?：基于内生性视角的考察［J］. 会计研究，2016（4）：55-60，96.

［30］潘俊，景雪峰，刘金钊. 投资者实地调研、绩效压力与企业避税［J］. 上海财经大学学报，2019（5）：85-96.

［31］祁斌，袁克，胡倩，等. 我国证券投资基金羊群行为的实证研究［J］. 证券市场

导报，2006（12）：49-57.

［32］权小锋，吴世农．投资者关注、盈余公告效应与管理层公告择机［J］．金融研究，2010（11）：90-107.

［33］申宇，赵静梅，何欣．校友关系网络、基金投资绩效与小圈子效应［J］．经济学季刊，2015（10）：403-428.

［34］谭劲松，林雨晨．机构投资者对信息披露的治理效应：基于机构调研行为的证据［J］．南开管理评论，2016（5）：115-126.

［35］谭松涛，崔小勇．上市公司调研能否提高分析师预测精度［J］．世界经济，2015（4）：126-145.

［36］唐松莲，陈伟．声誉提升抑或利益结盟：关联证券分析师实地调研动因研究［J］．管理世界，2017（9）：178-179.

［37］唐跃军，宋渊洋．价值选择 VS. 价值创造：来自中国市场机构投资者的证据［J］．经济学（季刊），2010（9）：609-632.

［38］王琨，肖星．机构投资者持股与关联方占用的实证研究［J］．南开管理评论，2005（2）：27-33.

［39］王珊．投资者实地调研发挥了治理功能吗?：基于盈余管理视角的考察［J］．经济管理，2017（9）：180-194.

［40］温军，冯根福．异质机构、企业性质与自主创新［J］．经济研究，2012，47（3）：53-64.

［41］翁洪波，吴世农．机构投资者、公司治理与上市公司股利政策［J］．中国会计评论，2007（3）：367-380.

［42］肖斌卿，彭毅，方立兵，等．上市公司调研对投资决策有用吗：基于分析师调研报告的实证研究［J］．南开管理评论，2017（1）：119-131.

［43］肖欣荣，刘健，赵海健．机构投资者行为的传染：基于投资者网络视角［J］．管理世界，2012（12）：35-45.

［44］肖欣荣，马梦璇．信息共享还是利益冲突?：基于买方单独调研与买卖双方联合调研的实证检验［J］．金融研究，2019（8）：171-188.

［45］肖欣荣，田存志．激励契约、规模报酬递减与组织形式演进：以公募基金和私募基金为例［J］．南开经济研究，2016（4）：38-55.

［46］许年行，于上尧，尹志宏．机构投资者羊群行为与股价崩盘风险［J］．管理世界，2013（7）：31-43.

［47］许汝俊，袁天荣．审计师感知分析师行为的新解释：一个关于分析师调研行为的探索［J］．审计研究，2018（2）：87-95.

［48］杨柏国．中国私募证券法律规制研究［D］．上海：华东政法大学，2011.

[49] 杨德明，辛清泉．投资者关系与代理成本：基于上市公司的分析 [J]. 经济科学，2006 (3)：47-60.

[50] 杨海燕，韦德洪，孙健．机构投资者持仓能提高上市公司会计信息质量吗?：兼论不同类型机构投资者的差异 [J]. 会计研究，2012 (9)：16-23，96.

[51] 姚颐，刘志远，相二卫．中国基金在投资中是否追求了价值? [J]. 经济研究，2011，46 (12)：45-58.

[52] 姚正春，邓淑芳，李志文．封闭式基金经理的竞争压力 [J]. 金融研究，2006 (9)：81-92.

[53] 余晓东，杨治南．股东积极主义：一个博弈论的解释 [J]. 外国经济与管理，2001 (3)：30-34.

[54] 曾志远，蔡东玲，武小凯．"监督管理层" 还是 "约束大股东"? 基金持股对上市公司价值的影响 [J]. 金融研究，2018 (12)：157-173.

[55] 张艳．私募投资基金行业自律监管规则研究 [J]. 证券市场导报，2017 (5)：69-78.

[56] 张勇．投资者实地调研与企业会计信息可比性：来自深交所 "互动易" 平台的经验证据 [J]. 证券市场导报，2018 (5)：13-22.

[57] 张宗新，杨通旻．盲目炒作还是慧眼识珠?：基于中国证券投资基金信息挖掘行为的实证分析 [J]. 经济研究，2014 (7)：138-150.

[58] 赵羲，李路，陈彬．中国私募证券投资基金行业发展现状分析：基于全球对比的视角 [J]. 证券市场导报，2018 (12)：61-74.

[59] 中国证券投资基金业协会．中国证券投资基金业年报 2016 [M]. 北京：中国财政经济出版社，2017.

[60] 中山证券课题组，李湛，唐晋荣. 2020 股票市场投资者结构国际比较研究 [J]. 证券市场导报，2020 (4)：13-24.

[61] ACKERMANN C，MCENALLY R，RAVENSCRAFT D. The performance of hedge funds：risk，return，and incentives [J]. The journal of finance，1999 (54)：833-874.

[62] AGARWAL V，MENEGHETTI C. The role of hedge funds as primary lenders [J]. Review of derivatives research，2011，14 (2)：241-261.

[63] AGARWAL V，LU Y，RAY S. Are hedge funds' charitable donations strategic [J]. Journal of corporate finance，2021，66 (2)，101842.

[64] AGARWAL V，DANIEL N D，NAIK N Y. Do hedge funds manage their reported returns [J]. Review of financial studies，2011 (24)：3282-3320.

[65] AGGARWAL R K，JORION P. The performance of emerging hedge funds and managers [J]. Journal of financial economics，2010 (96)：238-256.

［66］ AIKEN A L， LEE C. Let's talk sooner rather than later：The strategic communication decisions of activist block holders ［J］. Journal of corporate finance， 2020 （62）：1-15.

［67］ ANG J S， COLE R A， LIN J W. Agency costs and ownership structure ［J］. The journal of finance， 2000， 55 （1）：81-106.

［68］ APPEL I R， GORMLEY T A， KEIM D B. Standing on the shoulders of giants：the effect of passive investors on activism ［J］. The review of financial studies， 2019， 32 （7）：2720-2774.

［69］ ARAGON G O， NANDA V. Tournament behavior in hedge funds：highwater marks， fund liquidation， and managerial stake ［J］. Review of financial studies， 2010 （25）：937-974.

［70］ ASLAN H， KUMAR P. The product market effects of hedge fund activism ［J］. Journal of financial economics， 2016， 119 （1）：226-248.

［71］ ASLAN H， MARAACHLIAN H. Wealth effects of hedge fund activism ［J］. SSRN Working Paper， 2009， No 993170.

［72］ BEBCHUK L A， BRAV A， JIANG W， et al. Dancing with activists ［J］. Journal of financial economics， 2020， 137 （1）：1-41.

［73］ BEBCHUK L A， BRAV A， JIANG W. The long-term effects of hedge fund activism ［J］. Columbia law review， 2015 （115）：1085-1156.

［74］ BECHT M， FRANKS J， MAYER C， et al. Returns to shareholder activism：evidence from a clinical study of the Hermes UK focus fund ［J］. The review of financial studies， 2009， 22 （8）：3093-3129 .

［75］ BECHT M， FRANKS J， GRANT J， et al. Returns to hedge fund activism：an international study ［J］. The Review of financial studies， 2017， 30 （9）：2933-2971.

［76］ BEN - DAVID I， FRANZONI F， MOUSSAWI R. Hedge fund stock trading in the financial crisis of 2007-2009 ［J］. Review of financial studies， 2012 （25）：1-54.

［77］ BEN-DAVID I， FRANZONI F， LANDIER A， et al. Do hedge funds manipulate stock prices ［J］. Journal of finance， 2013 （68）：2383-2434.

［78］ BEN - REPHAEL A， DA Z， ISRAELSEN R D. It depends on where you search：institutional investor attention and underreaction to news ［J］. Review of financial studies， 2017， 30：3009-3047.

［79］ BERK J B， GREEN R C. Mutual fund flows and performance in rational markets ［J］. Journal of political economy， 2004， 112 （6）：1269-1295.

［80］ BILLIO M， GETMANSKY M， LO A W， et al. Econometric measures of connectedness and systemic risk in the finance and insurance sectors ［J］. Journal of financial economics， 2012 （104）：535-559.

[81] BOGEN J I, KROOSS H E. Security credit: its economic role and regulation [M]. Uper Saddle River: Prentice-Hall, 1960.

[82] BOWEN R M, DUTTA S, TANG S L, et al. Inside the "black box" of private in-house meetings [J]. Review of accounting studies, 2017, 23 (2): 487-527.

[83] BOXENBAUM E, ROULEAU L. New knowledge products as bricolage: metaphors and scripts in organizational theory [J]. Academy of management review, 2011, 36 (2): 272-296.

[84] BOYSON N M, PICHLER P. Hostile resistance to hedge fund activism [J]. The review of financial studies, 2019 (32): 771-817.

[85] BOYSON N M, MOORADIAN R M. Corporate governance and hedge fund activism [J]. Review of derivatives research, 2011 (14): 169-204.

[86] BOYSON N M, STAHEL C W, STULZ R M. Hedge fund contagion and liquidity shocks [J]. The journal of finance, 2010 (65): 1789-1816.

[87] BOYSON N M. Implicit incentives and reputational herding by hedge fund managers [J]. Journal of empirical finance, 2010 (17): 283-299.

[88] BRATTON W W, WACHTER M L. The case against shareholder empowerment [J]. University of Pennsylvania Law Review, 2010, 158 (3): 653-728.

[89] BRAV A, JIANG W, MA S, et al. How does hedge fund activism reshape corporate innovation? [J]. Journal of financial economics, 2018, 130 (2): 237-264.

[90] BRAV A, JIANG W, KIM H. The real effects of hedge fund activism: productivity, asset allocation, and labor outcomes [J]. The review of financial studies, 2015a (28): 2723-2769.

[91] BRAV A, JIANG W, KIM H. Recent advances in research on hedge fund activism: value creation and identification [J]. Annual review of financial economics, 2015b (7): 579-595.

[92] BRAV A, JIANG W, PARTNOY F, et al. Hedge fund activism, corporate governance, and firm performance [J]. The journal of finance, 2008 (63): 1729-1775.

[93] BROWN S J, GOETZMANN W N, PARK J M. Hedge funds and the Asian currency crisis [J]. Journal of portfolio management, 2000 (26): 95-101.

[94] BROWN S J, GRUNDY B D, LEWIS C M, et al. Convertibles and hedge funds as distributors of equity exposure [J]. Review of financial studies, 2012 (25): 3078-3112.

[95] BRUNNERMEIER M K, NAGEL S. Hedge funds and the technology bubble [J]. Journal of finance, 2003 (59): 2013-2040.

[96] BUSHEE B J. Do institutional investors prefer near-term earnings over long-run value [J]. Contemporary accounting research, 2001, 18 (2): 207-246.

[97] BUSHEE B J, MILLER G S. Investor relations, firm visibility, and investor following

[J]. The accounting review, 2012 (87): 867-897.

[98] BUTLER A W, GURUN U G. Educational networks, mutual fund voting patterns, and CEO compensation [J]. Review of financial studies, 2012, 25 (8): 2533-2562.

[99] CAO C, LIANG B, LO A W. Can hedge funds time market liquidity [J]. Journal of financial economics, 2013 (109): 493-516.

[100] CAO X P, WANG H Y, ZHOU S L. Soft activism and corporate dividend policy: evidence from institutional investors sitevisits [J]. Journal of corporate finance, 2022, 75 (8): 102-221.

[101] CARHART M M. On persistence in mutual fund performance [J]. The journal of finance, 1997, 52 (1): 57-82.

[102] CARLETON W T, NELSON J M, WEISBACH M S. The influence of institutions on corporate governance through private negotiations: evidence from TIAA-CREF [J]. The journal of finance, 1998, 53 (4): 1335-1362.

[103] CARLSON T N. Through the grapevine: informational consequences of interpersonal political communication [J]. American political science review, 2019, 113 (2): 325-339.

[104] CHAN K N, GETMANSKY M, HAAS S M, et al. Systemic risk and hedge funds [J]. SSRN Working Paper, 2005, No 671443.

[105] CHEN C Y, MARTINEZ R M, CHENG Y W. The key to group fitness: the presence of another synchronizes moral attitudes and neural responses during Moral Decision-making [J]. NeuroImage, 2020 (213): 1-10.

[106] CHENG C S A, HUANG H H, Li Y. Hedge fund intervention and accounting conservatism [J]. Contemporary accounting research, 2015, 32 (1): 392-421.

[107] CHENG C S A, HUANG H H, Li Y, et al. The effect of hedge fund activism on corporate tax avoidance [J]. The accounting review, 2012, 87 (5): 1493-1526.

[108] CHENG Q, DU F, WANG B Y, et al. Do corporate site visits impact stock prices [J]. Contemporary accounting research, 2019 (36): 359-388.

[109] CHENG Q, DU F, WANG X, et al. Seeing is believing: analysts' corporate site visits [J]. Review of accounting studies, 2016, 21 (4): 1-42.

[110] CHEVALIER J, ELLISON G. Are some mutual fund managers better than others? cross-sectional patterns in behavior and performance [J]. Journal of finance, 1999, 54 (3): 875-899.

[111] CHOI D, GETMANSKY M, TOOKES H. Convertible bond arbitrage, liquidity externalities, and stock prices [J]. Journal of financial economics, 2009 (91): 227-251.

[112] CHOI D, GETMANSKY M, HENDERSON B, et al. Convertible bond arbitrageurs as

suppliers of capital [J]. Review of financial studies, 2010 (23): 2492-2522.

[113] CHUNG J W, KANG B U. Prime broker-level co-movement in hedge fund returns: information or contagion? [J]. The review of financial Studies, 2016, 29 (12): 3321-3353.

[114] CLAIDIERE N, TROUCHE E, MERCIER H. Argumentation and the diffusion of counter-intuitive beliefs [J]. Journal of experimental psychology, 2017, 146 (7): 1052-1066.

[115] CLIFFORD C P. Value creation or destruction? hedge funds as shareholder Activists [J]. Journal of corporate finance, 2008, 14 (4): 323-336.

[116] COFFEE J C. Liquidity versus control: the institutional investor as corporate monitor [J]. Columbia Law Review, 1991 (91): 1277-1368.

[117] CREMERS K, FULKERSON J, RILEY T. Benchmark discrepancies and mutual fund performance evaluation [J]. Journal of financial and quantitative analysis, 2022, 57 (2): 543-571.

[118] CUYPERS I R P, KOH P S, WANG H. Sincerity in corporate philanthropy, stakeholder perceptions and firm value [J]. Organization science, 2016, 27 (1): 173-188.

[119] DAFT R L, LENGEL R H. Organizational information requirements, media richness and structural design [J]. Management science, 1986, 32 (5): 554-571.

[120] DE LONG J B, SHLEIFER A, SUMMERS L H, et al. Noise trader risk in financial markets [J]. The journal of political economy, 1990, 98 (4): 703-738.

[121] DEL GUERCIO D, HAWKINS J. The motivation and impact of pension fund activism [J]. Journal of financial economics, 1999, 52 (3): 293-340.

[122] DEL GUERCIO D, Tkac P A. Star power: the effect of morningstar ratings on mutual fund flow [J]. Journal of financial and quantitative analysis, 2008, 43: 907-936.

[123] Dennis P J, Strickland D. Who blinks in volatile markets, individuals or institutions? [J]. Journal of finance, 2002, 57 (5): 1923-1949.

[124] DESJARDINE M R, DURANDES R. Disentangling the effects of hedge fund activism on firm financial and social performance [J]. Strategic management journal, 2020, 41 (6): 1054-1082.

[125] DEVAULT L, SIAS R. Hedge fund politics and portfolio [J]. Journal of banking and finance, 2017 (75): 80-97.

[126] DIMSON E, KARAKAS O, LI X. Active ownership [J]. The review of financial studies, 2015, 28 (12): 3225-3268.

[127] ECKBO B E, VERMA S. Managerial share ownership, voting power, and cash dividend policy [J]. Journal of corporate finance, 1994, 1 (1): 33-62.

[128] ELING M, FAUST R. The performance of hedge funds and mutual funds in emerging

markets [J]. Journal of banking and finance, 2010, 34 (8): 1993-2009.

[129] FERRARO F, BEUNZA D. Creating common ground: a communicative action model of dialogue in shareholder engagement [J]. Organization science, 2018, 29 (6): 1187-1207.

[130] FOROUGHI P. Hedge fund activists' network and information flows [J]. SSRN Working Paper, 2017, No 2875369.

[131] FOX J, LORSCH J W. The big idea: what good are shareholders? [M]. Boston: Harvard Business Review, 2012.

[132] FUNG W, HSIEH D A. Empirical characteristics of dynamic trading strategies: the case of hedge funds [J]. Review of financial studies, 1997, 10 (2): 275-302.

[133] GANTCHEV N, GREDIL O, JOTIKASTHIRA C. Governance under the gun: spillover effects of hedge fund activism [J]. Review of finance, 2019, 23 (6): 1031-1068.

[134] GAO M, HUANG J K. Capitalizing on capitol hill: informed trading by hedge fund managers [J]. Journal of financial economics, 2016, 121 (3): 521-545.

[135] GAO S H, CAO F, LIU X Q. Seeing is not necessarily the truth: do institutional investors' corporate site visits reduce hosting firms' stock price crash risk? [J]. International review of economics and finance, 2017 (52): 165-187.

[136] GEORGE B, LORSCH J W. How to outsmart activist investors [M]. Boston: Harvard Business Review, 2014.

[137] GILLAN S L, STARKS L T. The evolution of shareholder activism in the United States [J]. Journal of applied corporate finance, 2007, 19 (1): 55-73.

[138] GOETZMANN W N, INGERSOLL J E, et al. Portfolio performance manipulation and manipulation-proof performance measures [J]. The review of financial studies, 2007, 20: 1504-1546.

[139] GOMPERS P, ISHII J, METRICK A. Corporate governance and equity prices [J]. The quarterly journal of economics, 2003, 118 (1): 107-156.

[140] GREENWOOD R, SCHOR M. Hedge fund investor activism and takeovers [J]. Journal of financial economics, 2009 (92): 362-375.

[141] Griffin J M, Xu J. How smart are the smart guys? a unique view from hedge fund stock holdings [J]. The review of financial studies, 2009, 22 (7): 2531-2570,

[142] GU Z Y, LI Z Q, et al. Friends with helpful opinions: the effect of social ties with mutual fund managers on analysts' recommendation bias [J]. The accounting review, 2019, 94 (1): 153-181.

[143] HAN B, KONG D, LIU S. Do analysts gain an informational advantage by visiting listed companies? [J]. Contemporary accounting research, 2018, 35 (4): 1843-1867.

[144] HE Y E, LI T. Social networks and hedge fund activism [J]. Review of finance, 2022, 26 (5): 1267-1308.

[145] Hellman N. Can we expect institutional investors to improve corporate governance? [J]. Scandinavian journal of management, 2005, 21 (3): 293-327.

[146] HONG X, ZHUANG Z, et al. Do corporate site visits impact hedge fund performance? [J]. Pacific-basin finance journal, 2019 (56): 113-128.

[147] JENSEN M C. The modern industrial revolution, exit, and the failure of internal control systems [J]. Journal of finance, 1993, 48 (3): 831-880.

[148] JIANG X, YUAN Q. Institutional investors' corporate site visits and corporate innovation [J]. Journal of corporate finance, 2018 (48): 148-168.

[149] JOSEPH J, WILSON A J. The growth of the firm: an attention-based view [J]. Strategic management journal, 2018, 39 (6): 1779-1800.

[150] KAHAN M, ROCK E B. Hedge funds in corporate governance and corporate control [J]. SSRN Working Paper, 2006, No 919881.

[151] KANG N, KONDOR P, SADKA R. Do hedge funds reduce idiosyncratic risk [J]. Journal of financial and quantitative analysis, 2014 (49): 843-877.

[152] KAPLAN S, VAKILI K. The double-edged sword of recombination in breakthrough innovation [J]. Strategic management journal, 2015, 36 (10): 1435-1457.

[153] KARPOFF J, MALATESTA P, WALKLING R. Corporate governance and shareholder initiatives: empirical evidence [J]. Journal of financial economics, 1996 (42): 365-395.

[154] KHANDANI A E, LO A W. What happened to the quants in August 2007? Evidence from factors and transactions data [J]. Journal of financial markets, 2011 (14): 1-46.

[155] KING M R, MAIER P. Hedge funds and financial stability: regulating prime brokers will mitigate systemic risks [J]. Journal of financial stability, 2009 (5): 283-297.

[156] KLEIN A, ZUR E. Entrepreneurial shareholder activism: hedge funds and other private investors [J]. The journal of finance, 2009, 64 (1): 187-229.

[157] KLEIN A, ZUR E. The impact of hedge fund activism on the target firm's existing bondholders [J]. The review of financial studies, 2011 (24): 1735-1771.

[158] KODRES L E, PRITSKER M. Directionally similar position taking and herding by large futures markets participants [R]. Washington: Board of Governors of the Federal Reserve System, 1997.

[159] KRUTTLI M, PATTON A J, RAMADORAI T. The impact of hedge fund on asset markets [J]. SSRN Working Paper, 2013, No 2285118.

[160] KUHNEN C M. Business networks, corporate governance, and contracting in the

mutual fund industry [J]. Journal of finance, 2009, 64 (5): 2185-2220.

[161] LAMONT O A, STEIN J C. Aggregate short interest and market valuations [J]. American economic review, 2004, 94 (2): 29-32.

[162] LAKONISHOK J, SHLEIFER A, VISHNY R W. The impact of institutional trading on stock prices [J]. Journal of financial economics, 1992, 32 (1): 23-43.

[163] LEVIT D. Soft shareholder activism [J]. The review of financial studies, 2019 (32): 2775-2808.

[164] LEVIT D. Words speak louder without actions [J]. The journal of finance, 2020 (75): 91-131.

[165] LI H, ZHANG X, ZHAO R. Investing in talents: manager characteristics and hedge fund performances [J]. Journal of financial and quantitative analysis, 2011, 46 (1): 59-82.

[166] LI L, LI Y, et al. Structural holes and hedge fund return co-movement: evidence from network-connected stock hedge funds in China [J]. Accounting & finance, 2020, 60 (2): 2811-2841.

[167] LIU S, DAI Y, KONG D. Does it pay to communicate with firms? Evidence from firm site visits of mutual funds [J]. Journal of business finance and accounting, 2017, 44 (5-6): 611-645.

[168] LU Y, MELVYN T. Do alpha males deliver alpha? testosterone and hedge funds [J]. Journal of financial and quantitative analysis, 2022, 57 (5): 1727-1770.

[169] MAUG E. Large shareholders as monitors: is there a trade-off between liquidity and control? [J]. Journal of finance, 1998 (53): 65-98.

[170] MCCAHERY J A, SAUTNER Z, STARKS L T. Behind the scenes: the corporate governance preferences of institutional investors [J]. The journal of finance, 2016, 71 (6): 2905-2932.

[171] MERCIER H, SPERBER D. Why do humans reason? Arguments for an argumentative theory [J]. Behavioral and brain sciences, 2011, 34 (2): 57-74.

[172] MIETZNER M, SCHWEIZER D. Hedge funds versus private equity funds as shareholder activists in Germany — differences in value creation [J]. Journal of economics and finance, 2014, 38 (2): 181-208.

[173] NAHAPIET J, GHOSHAL S. Social capital, intellectual capital, and the organizational advantage [J]. The academy of management review, 1998, 23 (2): 242-266.

[174] NOFSINGER J R, SIAS R W. Herding and feedback trading by institutional and individual investors [J]. The journal of finance, 1999, 54 (6): 2263-2295.

[175] NORLI Ø, OSTERGAARD C, SCHINDELE I. Liquidity and shareholder activism

[J]. The review of financial studies, 2015, 28 (2): 486–520.

[176] PAPAGEORGIOU N A, PARWADA J, TAN E. Where do hedge fund managers come from? Past employment experience and managerial performance [J]. SSRN Working Paper, 2015, No 1863643.

[177] PAREEK A. Information networks: implications for mutual fund trading behavior and stock returns [J]. SSRN Working Paper, 2009, No 1361779.

[178] PAREEK A, ZUCKERMAN R. Trust and investment management: the effects of manager trustworthiness on hedge fund investments [R]. SSRN Working Paper, 2013.

[179] PRADO J, LEONE J, EPINAT–DUCLOS J, et al. The neural bases of argumentative reasoning [J]. Brain and language, 2020 (208), 104827.

[180] RECA B B, SIAS R W, TURTLE H. Hedge fund return dependence and contagion [J]. SSRN Working Paper, 2013, No 2358466.

[181] ROSENBAUM P R, RUBIN D B. The central role of the propensity score in observational studies for causal effects [J]. Biometrika, 1983, 70 (1): 41–55.

[182] SAMPSON R C, SHI Y. Are U. S. firms becoming more short – term oriented? Evidence of shifting firm time horizons from implied discount rates, 1980 – 2013 [J]. SSRN Working Paper, 2020, No 2837524.

[183] SCHMIDT C, FAHLENBRACH R. Do exogenous changes in passive institutional ownership affect corporate governance and firm value? [J]. Journal of financial economics, 2017, 124 (2): 285–306.

[184] SCHWAB S J, THOMAS R S. Realigning corporate governance: shareholder activism by labor unions [J]. Michigan law review, 1998, 96 (4): 1018–1094.

[185] SCOTT F. Hedge funds demystified: a self–teaching guide [M]. New York: McGraw–Hill, 2008.

[186] SHEPHERD D A, MCMULLEN J S, OCASIO W. Is that an opportunity? An attention model of top managers' opportunity beliefs for strategic action [J]. Strategic management journal, 2017, 38 (3): 626–644.

[187] SHI W, CONNELLY B L. Is regulatory adoption ceremonial? Evidence from lead director appointments [J]. Strategic management journal, 2018, 39 (8): 2386–2413.

[188] SHLEIFER A, VISHNY R. Large shareholders and corporate control [J]. Journal of political economy, 1986, 94 (3), 461–488.

[189] SIAS R W. Volatility and the institutional investor [J]. Financial analysts journal, 1996 (52): 13–20.

[190] SPERBER D, CLEMENT F, et al. Epistemic vigilance [J]. Mind & language,

2010, 25 (4): 359-393.

[191] STULZ R M. Hedge funds: past, present, and future [J]. Journal of economic perspectives, 2007 (21): 175-194.

[192] SUNDER J, SUNDER S V, WONG S W. Debtholder responses to shareholder activism: evidence from hedge fund interventions [J]. The review of financial studies, 2014 (27): 3318-3342.

[193] SWITZER L N, OMELCHAK A. Are there benefits from dynamic asset allocation strategies across hedge funds? [J]. Journal of portfolio management, 2011, 37 (3): 116-120.

[194] TANG T. Hedge fund activism and corporate innovation [J]. Economic modelling, 2020 (85): 335-348.

[195] THRASHER J. Agreeing to disagree: diversity, political contractualism, and the open society [J]. The journal of politics, 2020, 82 (3): 1142-1155.

[196] TROUCHE E, SANDER E, MERCIER H. Arguments, more than confidence, explain the good performance of reasoning groups [J]. Journal of experimental psychology: general, 2014, 143 (5): 1958-1971.

[197] TSOUKAS H. A dialogical approach to the creation of new knowledge in organizations [J]. Organization science, 2009, 20 (6): 941-957.

[198] UCHIDA K, XU P. U. S. barbarians at the Japan gate: Cross border hedge fund activism [R]. Tokyo: Bank of Japan, 2008.

[199] UZZI B. The sources and consequences of embeddedness for the economic performance of organizations: the network effect [J]. American sociological review, 1996, 61 (4): 674-698.

[200] WERMERS, R. Mutual fund herding and the impact on stock prices [J]. Journal of finance, 1999 (54): 581-622.

[201] WESTPHAL J D, BEDNAR M K. The pacification of institutional investors [J]. Administrative science quarterly, 2008, 53 (1): 29-72.

[202] XU J, LI Y. Hedge fund activism and bank loan contracting [J]. SSRN Working Paper, 2010, No 1573217.

[203] YANG J, LU J, XIANG C. Company visits and stock price crash risk: evidence from China [J]. Emerging markets review, 2020a (44): 100723.

[204] YANG J, LU J, XIANG C. Do disclosures of selective access improve market information acquisition fairness? Evidence from company visits in China [J]. Journal of corporate finance, 2020b (64): 101631.

后 记

不积跬步，无以至千里。自 2017 年初次开始中国私募证券投资基金的研究，时间已过去五年有余。在此期间，笔者通过大量的数据积累与文献阅读，慢慢形成了较为系统的中国私募证券投资基金研究分析框架，对几个可能的研究方向进行了初步的探索。

海外的对冲基金文献已经非常丰富，而中国私募证券投资基金与海外对冲基金有着非常多的相似之处，但其所处的市场环境有着显著差异，如何将研究文献的成果应用到具体的中国场景中，是进行此类研究的一个难点。除此之外，作为市场中异常活跃的重要机构投资者，进行中国私募证券投资基金的研究也富有现实价值，并且在很大程度上需要来自市场的经验证据支持。从学术研究走向现实，又从现实走到学术研究，笔者在这一过程中的思考与探究收获颇多。

本书是在笔者博士论文基础上写作完成的，得到了上海财经大学张纯教授、上海外国语大学李路教授和上海立信会计金融学院王雪丁博士的帮助，感谢首都经济贸易大学出版社和上海师范大学商学院给予的支持。此外，上海外国语大学国际金融贸易学院硕士研究生周佩瑶编写了本书的第二章与第三章，在此对其认真负责的工作表示感谢！

中国私募证券投资基金领域的研究伴随着在市场中的快速发展已如雨后春笋般冒出，至今已有多篇学术论文与报告涉及。相信在不久的将来，会有更多更优秀的研究成果出现，希望本书能够为后者提供一些启发与帮助。